VINCENT JAUVERT

À LA SOLDE DE MOSCOU

ÉDITIONS DU SEUIL
57, rue Gaston-Tessier, Paris XIXe

ISBN 978-2-02-154378-0

www.seuil.com

Avant-propos

Tout au long de la guerre froide, nombre de Français – et non des moindres – ont espionné pour les services secrets de l'Est.

Ils trahissaient par idéologie, pour de l'argent ou pour les deux. Plus rarement, parce qu'ils étaient compromis.

Peu ont été démasqués, moins encore condamnés.

Quelques-uns ont fait l'objet de rumeurs.

Mais la plupart n'ont jamais été inquiétés, ni même soupçonnés.

Leurs secrets dorment donc depuis plus de trente ans, à l'abri des regards, dans les coffres-forts des États de l'ancien bloc soviétique.

Sauf dans l'ancienne Tchécoslovaquie, premier pays au monde à avoir ouvert toutes les archives de son service d'espionnage, la Sureté de l'État (StB), de sa création en 1945 à son démantèlement en 1990. La Pologne vient d'entamer le même processus.

Il s'agit d'un matériau unique, d'une mine d'or sans équivalent dans l'histoire contemporaine. On y découvre, de l'intérieur, le fonctionnement quotidien, souvent fascinant, parfois ridicule, du service d'espionnage d'un pays communiste.

Conservés dans des milliers de cartons gris, eux-mêmes entreposés en banlieue de Prague sur des rayonnages de plusieurs centaines de mètres, il y a là tous les documents de travail de tous les espions de la StB, des plus routiniers aux « Prisne Tajne » (top secret), qui n'ont été vus, à l'époque, que par quelques dignitaires du régime.

On y trouve ainsi, dactylographiés sur papier bible ou manuscrits, tous les comptes rendus de toutes les rencontres clandestines entre les officiers traitants et leurs agents ; tous les rapports de tous les agents ; mais aussi tous les clichés en noir et blanc pour identifier des cibles et les lieux de rendez-vous, tous les dessins des boîtes aux lettres mortes, toutes les photos des faux passeports et même les notes de frais et les tickets de métro pour se faire rembourser…

Surtout, ces cartons contiennent les dossiers complets de tous les agents de la StB – morts ou toujours en vie –, avec leur nom d'emprunt et leur véritable identité. Tous. Y compris les étrangers.

Qu'ils soient français ou d'une autre nationalité, ces collaborateurs secrets ne travaillaient pas seulement pour les autorités de Prague.

Car, en pratique, la StB n'était que la filiale tchécoslovaque du KGB, « sa petite sœur », écrit Jan Koura, historien tchèque du renseignement. Le service secret soviétique connaissait ses contacts et ses opérations. Il la contrôlait entièrement via des conseillers russes.

Les agents à la solde de la StB étaient donc aussi de fait à la solde de Moscou.

Dans ces archives, j'ai identifié une trentaine de ces Français qui, pendant les années 1960, 1970 et 1980, c'est-à-dire du début de la Ve République au démantèlement du bloc soviétique, ont, plus ou moins intensément, espionné pour la Tchécoslovaquie et donc pour l'Union soviétique.

Ce livre, que je n'aurais pu écrire sans les excellentes traductions et la précieuse complicité de Sara Vidimova, raconte les histoires des principaux agents français de la StB.

Un seul était connu : le journaliste du *Canard enchaîné*, Jean Clémentin, dont j'ai révélé la trahison dans *L'Obs* en février 2022.

Quatre étaient soupçonnés d'espionnage par les spécialistes. Mais les preuves manquaient. J'en apporte des définitives.

Les autres n'avaient jamais été suspectés.

Parmi eux, il y a plusieurs journalistes célèbres.

Ce n'est pas un hasard.

À la demande du KGB, la StB s'est, à la fin des années 1950, spécialisée dans les opérations de désinformation, pour lesquelles elle avait besoin de complices parmi les journalistes.

Et puis, en côtoyant librement les femmes et les hommes de pouvoir, les journalistes de l'Ouest pourraient dénicher certains de ces petits et de ces grands secrets dont les services de renseignement adverses se régalent.

C'est toujours vrai. Voilà pourquoi les services secrets russes continuent de recruter informateurs et agents d'influence parmi les reporters occidentaux – plus que jamais sans doute.

Vincent Jauvert

« FRANK »

Au-dessus de tout soupçon

C'est la stupéfiante histoire d'une vedette de radio et de télévision, qui, au début des années 1980, a espionné le président Mitterrand et son entourage au profit du bloc soviétique. Une affaire, restée secrète jusqu'à aujourd'hui, découverte à Prague dans les archives de la StB, le service secret tchécoslovaque.

Une histoire qui montre comment, durant la guerre froide, le KGB et ses filiales en Europe de l'Est procédaient pour recruter et manipuler des journalistes occidentaux bien introduits dans les plus hautes sphères du pouvoir. Des femmes et des hommes a priori insoupçonnables qui pourtant acceptèrent d'être, d'une manière ou d'une autre, à la solde de Moscou et de ses satellites.

Ce 20 mai 1983, Gérard Carreyrou, rédacteur en chef politique d'Europe 1, déjeune dans un restaurant chic près des Champs-Élysées, Le Château de Chine, sis rue de la Trémoille, avec un certain M. Brejha.

Celui-ci se présente comme « journaliste attaché au service de presse » à l'ambassade de Tchécoslovaquie à Paris – une couverture. En réalité, le convive de Gérard Carreyrou s'appelle Daniel Litecký, il a 34 ans. Il est lieutenant de la StB et numéro deux du service secret à Paris, son « résident adjoint » comme on dit dans le jargon.

Même si le rédacteur en chef à Europe 1 ignore la véritable identité de son hôte, les deux hommes se voient souvent. Très souvent même. Depuis leur première rencontre fin 1980, c'est la vingt-huitième fois que le créateur du *Club de la presse* et le lieutenant Litecký alias M. Brejha se retrouvent à déjeuner ou à dîner. À chaque reprise, l'officier tchécoslovaque régale Gérard Carreyrou dans l'un des établissements réputés situés non loin du siège d'Europe 1, souvent Chez Edgar, la cantine du Tout-Paris politico-médiatique, sis rue Marbeuf. Selon les calculs de la StB, qui a archivé toutes les factures, ces repas coûtent une petite fortune à l'État socialiste : 350 francs en moyenne, soit une centaine d'euros d'aujourd'hui, par tête.

Bien que Gérard Carreyrou, nom de code « Frank » puis « Fantl » dans les livres de la StB, rechigne parfois, le rythme de ces déjeuners est très soutenu : toutes les six semaines. Sans compter les contacts plus brefs dans des cafés, surtout à L'Athénien, rue François-Ier, sorte d'« annexe » d'Europe. Au siège du service secret à Prague, on tient particulièrement à la régularité des rencontres entre un officier traitant et ses informateurs. C'est l'une des recettes les plus simples et les plus efficaces pour les subordonner en douceur.

Dans le cas de Carreyrou, une entorse est tolérée : les vacances scolaires. Selon un rapport du lieutenant Litecký à Prague, le journaliste passe les congés d'hiver à la montagne, « même si lui-même ne skie pas ». Parfois au printemps et toujours en été, il va aux États-Unis avec sa femme, Jane, une Américaine, et leurs deux enfants, John et Alexandra, dans la maison de campagne qu'il a achetée sur l'île de Long Island près de New York où réside sa belle-famille.

Pour la StB, Frank est un collaborateur d'importance qu'il faut protéger. Chaque repas avec lui est préparé avec beaucoup de soin. Deux heures avant la rencontre, un agent secret tchécoslovaque arpente les alentours du restaurant afin de s'assurer que la DST, le service français de contre-espionnage, ne surveille pas l'établissement. Puis, pour déjouer d'éventuelles filatures, Daniel Litecký alias M. Brejha se rend sur place en métro après avoir changé plusieurs fois de ligne. Selon le même Litecký, au bout de quelques rendez-vous, Frank vérifiera lui-même qu'il n'est pas filoché. À la grande surprise de son officier traitant qui s'en réjouit dans ses rapports à Prague.

Aussi incroyable que cela paraisse aujourd'hui, durant le premier septennat de François Mitterrand, Gérard Carreyrou est considéré par Prague comme l'un des informateurs importants de la StB et, donc, du KGB auquel le service tchécoslovaque rapporte l'ensemble de ses activités.

Dans le jargon de la StB, le rédacteur en chef d'Europe 1 (qui, dans les années 1990, dirigera la rédaction de TF1) est un « DS » (« Důvěrný Styk », « collaborateur de confiance » en tchèque), c'est-à-dire plus qu'un simple informateur. « Une personne recrutée en tant que DS accomplit des tâches d'espionnage et de renseignement », est-il expliqué dans le dictionnaire interne du service secret tchécoslovaque, une sorte de bible de cent pages établie en 1988 probablement à l'intention des nouvelles recrues.

Cependant, le DS n'est pas un agent à part entière, totalement soumis à son officier traitant. « Il s`agit de quelqu`un qui n'a pas envie de se mettre en danger » et qui, contrairement à l'agent, « fréquente ouvertement des employés de l'ambassade ou des institutions tchécoslovaques », contacts qui doivent être explicables par « une bonne légende », est-il précisé dans le dictionnaire de la StB.

Voilà pourquoi le lieutenant Litecký se présente invariablement comme un « attaché de presse » de l'ambassade de Tchécoslovaquie. Au cas où la DST interrogerait Gérard Carreyrou sur leurs très nombreux déjeuners, le journaliste pourrait fournir une explication anodine et crédible.

Le DS trahit son pays en toute connaissance de cause. Toujours selon le dictionnaire de la StB, il « collabore avec les institutions tchécoslovaques pour une raison idéologique, politique, patriotique ou matérielle. Cette collaboration est souvent liée à une relation amicale avec un employé de l'ambassade tchécoslovaque auquel il transmet consciemment des informations secrètes ».

Certes, à la différence de l'agent, « le DS n'est pas forcément conscient qu'il traite avec un service de renseignement ». Mais, d'après les rapports de la StB, tout porte à croire que Gérard Carreyrou, lui, sait avec qui il discute. Lors d'un déjeuner le 3 février 1983, le lieutenant Litecký l'interroge sur ses éventuels liens avec d'autres services d'espionnage. Le journaliste le rassure en affirmant qu'il n'a aucun contact avec aucune personne « du même type que moi », selon l'officier tchécoslovaque qui cite les propos du journaliste dans un compte rendu de leur déjeuner, tapé à la machine sur du papier bible, dans lequel il s'efforce d'être le plus précis possible sur les expressions employées par sa source, afin que le « centre » puisse en établir la psychologie. Le 9 mars suivant, le lieutenant Litecký est plus explicite encore : dans une note à ses supérieurs, il certifie que le journaliste d'Europe 1 « sait parfaitement qu'il est en contact avec un officier de renseignement ».

Il y a un autre indice, plus précis encore. Dans le langage de la StB, le déjeuner du 20 mai 1983 au Château de Chine est une rencontre de « remplacement ». De quoi s'agit-il ? À la fin de leur repas précédent, Gérard Carreyrou et M. Brejha ont, d'après le rapport de ce dernier à ses supérieurs, convenu de se retrouver le 19 mai à 11 h 15, dans le même établissement. Le jour J, le Tchécoslovaque n'est pas venu. Le journaliste d'Europe 1 aurait attendu quelques minutes puis serait parti. Il se serait de nouveau présenté au Château de Chine le lendemain à la même heure, comme le prévoit la procédure convenue entre eux.

D'après le même rapport, le lieutenant Litecký a raté le premier déjeuner dans un but précis : vérifier que le journaliste français viendrait bien au rendez-vous de « remplacement ». Vérifier donc qu'il accepte de suivre les règles du travail clandestin, présentées par l'officier tchécoslovaque lors de leur rencontre précédente. À l'en croire, preuve en est faite. Autrement dit, pour lui, Gérard Carreyrou sait.

D'ailleurs, selon les comptes rendus d'autres déjeuners, le journaliste évoque de temps à autre les questions de sécurité. Le 28 janvier 1982, par exemple, l'officier traitant explique qu'avant de se rendre à leur tête-à-tête, Carreyrou aurait « procédé à des vérifications sur sa sécurité », autrement dit, aurait jeté un œil pour vérifier qu'il n'était pas suivi. Si Litecký dit vrai, le journaliste sait qu'il risque peut-être la prison, de gros ennuis en tout cas, alors que son officier traitant, lui, bénéficie de l'immunité diplomatique.

Au cours du même repas au Château de Chine, entre le canard laqué et les litchis, ils discutent de la récente expulsion de 43 diplomates soviétiques de France accusés d'être des espions du KGB, une affaire qui fait grand bruit. Elle fait suite aux révélations d'une taupe de la DST au sein du service secret soviétique, un certain Vladimir Vetrov, nom de code « Farewell ». Les documents qu'il a transmis aux Français ont montré l'étendue de l'espionnage technologique pratiqué par le KGB dans tous les pays occidentaux.

Pour une fois, Gérard Carreyrou, d'ordinaire « très bavard et chaleureux », se serait montré « un peu distant ». Il aurait révélé que, depuis ce renvoi massif, ses contacts à l'Élysée et au ministère de la Défense déconseillent aux journalistes français de fréquenter des diplomates des pays socialistes. Que doit-il faire ?

« Je lui ai répondu que notre collaboration n'était pas vraiment de l'espionnage », écrit le lendemain le lieutenant Litecký à ses supérieurs à Prague. Sur quoi, poursuit-il goguenard, le célèbre journaliste aurait esquissé « un large sourire ». Puis il aurait affirmé que « ses relations au ministère de la Défense avaient vu des documents concernant les amis soviétiques expulsés dans lesquels étaient mentionnés les noms de leurs contacts et le contenu de leurs échanges. Il était inquiet ».

Pourtant, il continue. Mais, d'après Litecký, il a de plus en plus peur. Un an plus tard, le 1er mars 1984, au restaurant Les Frères Jacques, près de l'Étoile, Gérard Carreyrou s'énerve contre son traitant. Il pense, rapporte l'officier de la StB, que ce dernier lui fait prendre trop de risques. « Lorsqu'il cherche pour nous des informations sur l'OTAN auprès de ses contacts au ministère de la Défense, [Carreyrou] a l'impression qu'on le soupçonne, rapporte le lendemain le lieutenant Litecký. Il assure qu'il nous transmet tout ce qui lui est possible de savoir mais « on ne peut pas, dit-il, me demander de dénicher des informations connues seulement de dix personnes ».

De fait, d'après la StB, Gérard Carreyrou alias Frank accomplit ses missions de renseignement avec zèle. Selon un rapport du service tchécoslovaque d'espionnage de 1985, « en 1981, il a transmis dix-sept informations de valeur notées 86,4 %, en 1982, 17 notées 76,5 % et 34 en 1983 notées 80,45 % », indique le document avec une singulière précision.

Toujours d'après les rapports de Litecký, Carreyrou informe son officier traitant sur ce qu'il connaît le mieux : le Parti socialiste et surtout l'Élysée. Depuis le 10 mai 1981, les portes du Palais lui sont grandes ouvertes. Ami intime du secrétaire général de la présidence Pierre Bérégovoy, il entretient aussi d'excellentes relations avec le porte-parole du président, Michel Vauzelle. Et, selon ses confidences au lieutenant Litecký, il partage chaque semaine un petit-déjeuner avec François Mitterrand en personne qu'il accompagne dans presque tous ses voyages à l'étranger. Autant d'occasions de dénicher des infos.

D'après les rapports de la StB, le rédacteur en chef d'Europe 1 renseignerait donc le service d'espionnage tchécoslovaque – et à travers lui le KGB – sur les intentions internationales du président français.

À en croire les archives à Prague, le 8 mai 1982, chez Les Frères Jacques, Gérard Carreyrou donne des détails sur ses discussions avec le chancelier allemand Helmut Schmidt et « sur les préparatifs du sommet du G7 à Versailles ». Une autre fois, il parle des voyages du président français en Inde et en Égypte. « Ces informations ont été envoyées à la direction du Parti communiste tchécoslovaque », précise un rapport secret.

Le 10 janvier 1982, Chez Edgar, Gérard Carreyrou décrit les coulisses des visites à Paris du secrétaire d'État américain, Alexander Haig. Le 31 décembre de la même année, toujours Chez Edgar, il expose le point de vue de François Mitterrand sur l'évolution de l'Union soviétique, information transmise, à n'en pas douter, au Kremlin.

Le 20 mai 1983, selon une note de Litecký, le journaliste rapporte des « renseignements détaillés sur Jacques Attali », le puissant conseiller spécial du président, considéré comme particulièrement hostile au bloc soviétique, et sur « les préparatifs du sommet du G7 » qui va se dérouler une semaine plus tard aux États-Unis. Autant de données qui sont, elles aussi, « transmises à la direction du Parti communiste tchécoslovaque ».

Pour la StB, Frank s'avère particulièrement précieux quand il s'agit de dresser les portraits de hauts fonctionnaires qui, dans l'ombre, gèrent l'appareil militaro-diplomatique français. « Je lui ai demandé de découvrir qui, au cabinet de Hernu [le ministre de la Défense], s'occupe des nouvelles stratégies de l'armée française, écrit le lieutenant Litecký en janvier 1983. Il m'a rapporté que, selon les employés de l'Élysée avec lesquels il a pu parler pendant la soirée du Nouvel An, la personne la mieux informée sur ce sujet est un certain François Heisbourg, né en 1949 à Londres et ancien de l'ENA. » Si bien que Litecký recommande à ses supérieurs de lancer illico une étude complète sur la vie privée et professionnelle de l'énarque – une « lustration » dans le jargon de la StB.

D'après les rapports de Litecký, Heisbourg n'est pas la seule personnalité désignée par Carreyrou. Le 17 mars 1983 Chez Edgar, le journaliste donne « des informations intéressantes sur les diplomates du Quai d'Orsay qui participent au comité scientifique sur l'Initiative de défense stratégique[1] », rapporte l'officier de la StB.

À en croire les archives, le journaliste transmet également de précieuses données sur « le conseiller technique chargé de ce dossier auprès du ministre de la Recherche, Jean-Pierre Chevènement », un haut fonctionnaire que Carreyrou « a connu au PS ». Au cours du même repas, le journaliste dresse un portrait détaillé d'Hubert Védrine, alors sherpa de François Mitterrand. Il le qualifie d'« habile » et de « très arrogant ».

---

1. Le projet américain de bouclier anti-missiles que le président Reagan vient de lancer. (*NdA.*)

Le déjeuner du 30 mai 1983 est principalement consacré au sujet qui obsède le Kremlin : le déclenchement imminent d'une attaque nucléaire par l'OTAN. Le nouveau numéro un soviétique, Youri Andropov, ex-patron du KGB, est convaincu que Ronald Reagan se prépare à frapper l'Union soviétique en premier et très bientôt. Du coup, il a ordonné aux services d'espionnage de l'URSS et à leurs satellites de l'Europe de l'Est de relever tous les indices d'une telle préparation.

Le lieutenant Litecký demande donc à Gérard Carreyrou de se renseigner sur l'éventuelle « construction d'abris atomiques » destinés à protéger les hauts responsables politiques français et sur « la préparation de la société française à une guerre nucléaire ». Même si tout ceci n'est que paranoïa, le journaliste accepte, selon le rapport de son officier traitant.

Il donne tout ce qu'il a. Même le plus poisseux. Le 9 juillet 1984, à 13 h 15, il retrouve le lieutenant Litecký une fois encore Chez Edgar. Il rentre d'un voyage à Moscou avec François Mitterrand, au cours duquel le président français a, sous les ors du Kremlin, demandé la libération du dissident et prix Nobel de la Paix Andreï Sakharov. Mais ce n'est évidemment pas de cet épisode glorieux de la diplomatie française que le journaliste d'Europe 1 veut parler à son officier traitant. D'après le compte rendu de Litecký à ses supérieurs, il préfère lui rapporter une confidence du président du Crif, Théo Klein, qui était du voyage.

Selon Klein, « dix à douze Juifs américains » employés au QG de l'OTAN à Mons en Belgique fréquentent « une petite synagogue » située juste à côté du building, écrit Litecký. Les offices seraient dirigés par « un rabbin de l'US Army ». Le lieutenant de la StB utilise illico une telle information. « Nous avons informé la rézidientoura de Bruxelles : elle pourrait envoyer un agent juif dans cette synagogue afin d'approcher un employé [juif] de l'OTAN », écrit-il le lendemain à Prague.

Le 22 septembre 1984, toujours Chez Edgar, Carreyrou glisse à son officier traitant un autre tuyau poisseux (et en partie erroné). « Grâce à un médecin de l'hôpital militaire du Val-de-Grâce, rapporte Litecký, il a découvert que Mitterrand va régulièrement et secrètement se faire soigner dans cet établissement pour des problèmes d'estomac. » L'espion ajoute : « Selon [Carreyrou], Mitterrand a beaucoup maigri, il a subi une opération de chirurgie esthétique afin de tendre la peau de ses joues. Il va tenir encore dix ans mais peut mourir de manière inattendue. [Carreyrou] n'a pas dit de quoi. » « Un cancer de l'estomac », est-il écrit à la main en marge du document. Les Français ne découvriront le cancer présidentiel (de la prostate, en réalité) que huit ans plus tard.

Au cours du même repas, le journaliste certifie, selon Litecký, que beaucoup d'emplois occupés par des Français au siège de l'OTAN seraient, en réalité, tenus par des agents de la DGSE. « Il a obtenu ces informations de Charles Villeneuve[1] qui, selon [Carreyrou], travaille lui-même pour le service secret français en tant que collaborateur. »

Comment le futur chroniqueur de CNews s'est-il laissé embarquer dans une telle aventure sordide ? À en croire la StB, son recrutement serait le produit de son militantisme de jeunesse à l'extrême gauche et de sa passion immodérée pour la bonne chère et les beaux objets – combinaison idéale pour un service de renseignement du bloc soviétique.

Pour mieux cerner ses motivations, son officier traitant a longuement enquêté sur lui. Le 19 janvier 1983, juste avant le recrutement officiel de Carreyrou comme DS, Litecký a rassemblé toutes les données qu'il a recueillies dans un long mémorandum (« *verbovka* » en tchèque). « Né à Paris en 1942, Frank vient d'une famille de la petite bourgeoisie pauvre, commence-t-il. Sa mère ne travaillait pas et, au début, son père était coursier à la Bourse. Puis il a été embauché comme commis d'agent de change. C'est grâce à cela que Frank a pu faire des études », d'abord à la Sorbonne puis dans un institut de formation des journalistes.

C'est à la prestigieuse université parisienne que Gérard Carreyrou rencontre sa future femme, précise l'officier traitant. « Issue d'une famille américaine aisée, elle voudrait que leurs deux enfants fassent leurs

1. Son ami et partenaire à Europe 1.

études aux États-Unis. » De fait, dans les années 1990, les enfants Carreyrou étudieront à l'université Duke en Caroline du Nord. Le fils, John, deviendra journaliste d'investigation au *Wall Street Journal* et recevra deux prix Pulitzer pour ses enquêtes.

Avec son officier traitant, Carreyrou évoque aussi son train de vie. « Il gagne environ 30 000 francs par mois[1] et il vend de temps en temps des informations à *La Lettre de L'Expansion*. Il vit avec sa famille dans un appartement avec terrasse dans le quartier des fonctionnaires, le XVe arrondissement. » L'espion tchécoslovaque sait aussi que Carreyrou possède « une Matra Rancho[2] et qu'en tant que cadre supérieur d'Europe 1, il peut utiliser une voiture de société ».

Litecký se renseigne sur tout. Il demande même à Carreyrou à quel endroit travaille son beau-père américain. Le journaliste lui répond par écrit sur un petit bloc de papier avec en-tête à son nom. Il rédige, à l'encre bleue, l'adresse professionnelle du père de son épouse, radiologue très réputé au Cornell Medical Hospital de New York. Le document manuscrit est toujours dans les archives de la StB.

Pour ne rien laisser au hasard, la StB place Carreyrou sous observation. « Nous avons surveillé sa maison, son téléphone et ses déplacements, annonce Litecký à ses supérieurs. Nous n'avons pas remarqué

1. 12 000 euros d'aujourd'hui.
2. L'un des premiers SUV.

de contact avec l'ambassade des États-Unis à Paris. Et nous ne pensons pas qu'il travaille pour un service de renseignement français. » Dans les archives, on trouve des preuves tangibles de cette surveillance : des photos en noir et blanc de l'immeuble où vit la famille Carreyrou, et même des clichés de sa boîte aux lettres et de la porte du parking où il gare sa voiture.

Reste à comprendre pourquoi le journaliste agit ainsi. Toujours dans ce mémorandum de janvier 1983, Daniel Litecký explique que Carreyrou accepte de collaborer avec la StB à la fois par amitié, par idéologie et par intérêt.

Il rapporte que, opposant à la guerre d'Algérie, le jeune Carreyrou adhère, en 1958, au Parti socialiste unifié, mouvement qui regroupe aussi bien des fidèles de Pierre Mendès France que des dissidents du Parti communiste. C'est là que la future vedette d'Europe 1 se lie d'amitié avec nombre de futurs dirigeants socialistes, en particulier Michel Rocard, Charles Hernu et, surtout, Pierre Bérégovoy.

Quelques années plus tard, Carreyrou rencontre un officier de la StB sous couverture diplomatique, un certain Frantisek Kramar alias « Vanis » ou « Krajicek ». « Le premier contact avec lui s'est déroulé en février 1966, durant une soirée à l'ambassade tchécoslovaque, via l'officier Vanis », raconte Litecký. Pendant plusieurs mois, les deux hommes développent une relation très amicale, mais Krajicek-Vanis ne parvient pas à recruter Carreyrou.

Si bien que « lorsqu'il quitte la France en 1970, il décide de mettre un terme à cette relation ».

Mais une graine a été plantée qui va germer une décennie plus tard. En novembre 1980, l'officier traitant Litecký « initie un nouveau contact avec le journaliste lors d'une convention du RPR ». Il comprend que la relation avec Vanis, dont Carreyrou lui fait tout de suite part, est très utile pour sa « cause ». Selon l'officier de la StB, le journaliste, qui se dit hostile à l'Union soviétique, a une vision « plutôt sympathique de la Tchécoslovaquie » où « il n'est jamais allé » du fait de « son amitié passée avec l'officier traitant Vanis ». « Il apprécie notre système redistributif, précise-il, même s'il est assez critique vis-à-vis notre conception des droits de l'homme. »

On le serait à moins. À l'époque de cette rencontre, le dramaturge et futur président Václav Havel ainsi que des centaines de dissidents et prisonniers politiques croupissent en prison ; quinze ans après l'écrasement du Printemps de Prague par les chars du pacte de Varsovie, le Parti communiste règne d'une main de fer sur la société tchécoslovaque. Pourtant, à en croire le dossier de la StB le concernant, Carreyrou accepte de collaborer avec un tel régime.

Le recrutement se fait très progressivement. Pendant les deux premières années, le journaliste, nom de code « Frank », n'est qu'un simple informateur. Mais il est bien meilleur, beaucoup mieux informé que la plupart des collaborateurs de base. Alors, de temps à autre, son officier traitant lui offre de beaux cadeaux dont, selon Litecký, « il raffole » : des objets en cristal de Bohême, chers et difficiles à trouver en France. Si bien que, malgré un intellect « plutôt inférieur à la moyenne » (!), le journaliste d'Europe 1 semble présenter qualités et motivations pour changer de catégorie et bientôt passer d'informateur à DS, écrit alors Litecký à ses chefs.

Les dirigeants de la StB partagent ce point de vue. Mais, avant de s'engager plus avant avec Carreyrou, ils veulent s'assurer que leurs « amis » soviétiques, euphémisme pour dire les « patrons », n'ont ni vues ni dossiers à son sujet. La question est posée à Iassenevo, le QG de la Première direction principale du KGB [la branche renseignement extérieur], qui répond le 28 janvier 1982 : non, Gérard Carreyrou n'est pas connu de nos services. « Nous savons simplement qu'il s'est rendu en URSS comme envoyé spécial en mai et en octobre 1975. » Le feu est vert.

Un an plus tard, Prague envoie des consignes précises au lieutenant Litecký pour recruter formellement le journaliste au cours de leur prochain déjeuner. Des recommandations que l'on dirait issues d'un manuel d'espionnage.

« Au début, pour créer une ambiance sympathique l'officier traitant devra parler de lui-même, puis il abordera les questions politiques et internationales. Ensuite, il évaluera la collaboration de Frank jusqu'à aujourd'hui et lui dira que ses informations ont été très utiles au gouvernement tchécoslovaque pour orienter sa politique dans la bonne direction. Il le remerciera. Puis il lui fera savoir que la Tchécoslovaquie souhaite toujours recueillir ses renseignements, mais selon des règles plus précises, avec plusieurs types de rencontres : fixes, exceptionnelles et de remplacement. Il n'est pas nécessaire de lui faire signer un papier. »

« En cas de résultat négatif, poursuit Prague, l'officier traitant essaiera d'expliquer qu'il y a eu un malentendu, qu'il croyait que Frank serait d'accord et que bien entendu il souhaite poursuivre leurs contacts comme avant. » Pas d'inquiétude, toutefois, précise le rédacteur des consignes, « il est très peu probable que Carreyrou réagisse négativement ». Peu importe, d'ailleurs, « étant donné la légende du contact, le risque politique et sécuritaire est minimal » pour nous, précise le centre.

Le 4 mars 1983, au Château de Chine, Carreyrou accepte formellement son recrutement comme DS, à en croire la StB qui change son nom de code pour « Fantl ». En guise de bienvenue et de cadeau d'anniversaire (il est né le 20 février), le journaliste reçoit, selon Litecký, un vase en cristal de Bohême qu'un officier de la StB a spécialement rapporté de Prague. Dans les archives, on trouve encore le reçu de cet achat dans un magasin spécialisé de la place Venceslas pour un montant de 1 005 couronnes tchécoslovaques, taxes comprises. Ainsi que la facture pour un service à liqueur en cristal avec ses verres et sa carafe donné quelques mois plus tôt.

Après avoir accepté son changement de statut, Carreyrou fait savoir, d'après un rapport du lieutenant Litecký, qu'il entend recevoir d'autres cadeaux de la sorte. Mais il refuse d'être récompensé en argent puisque, dit-il, il gagne suffisamment bien sa vie. Le lieutenant Litecký pense plutôt que Carreyrou a peur d'être trop compromis, de ne plus pouvoir revenir en arrière.

Pendant dix-huit mois, le journaliste continue, selon les dossiers de la StB, de fournir des renseignements demandés. En 1984, « il livre 27 informations de valeur » notées « 3,55 sur 5 » mais plus que 7 l'année suivante. Car, à partir de la fin 1984, la relation s'effiloche. Le 19 novembre, les deux hommes se retrouvent lors des assises du RPR à Grenoble. Ils déjeunent place de la Gare, Chez Jean-Christophe. « Fantl est très distant, je pense que c'est dû à une opération de la DST qui encourage les journalistes à ne pas avoir de contact avec des diplomates des pays de l'Est. » Peut-être aussi au départ des ministres communistes du gouvernement Fabius en juillet 1984.

En 1985, Carreyrou, qui devient directeur adjoint puis directeur à part entière de l'information d'Europe 1, annule presque tous les déjeuners avec son officier traitant. Il multiplie les excuses, invente des contretemps. Litecký n'arrive même plus à lui parler.

Du coup, quand, le 24 juin 1985, il apprend sur TF1 que Gérard Carreyrou a eu un accident, il saute sur l'occasion et l'appelle à son bureau. Mais sa secrétaire à Europe 1 lui répond qu'il n'est pas possible de parler au directeur de la rédaction qui est en congé maladie avec une jambe cassée. Une autre fois, il se présente directement dans les locaux de la station et demande à être reçu par le directeur de l'information. La secrétaire de Carreyrou répond qu'il ne peut pas tout de suite et lui demande de patienter. Au bout d'un quart d'heure, le lieutenant Litecký repart, dépité.

À Prague, les patrons de la StB sont furieux. Ils envoient note sur note à Litecký. Si « Fantl » se montre si réticent, c'est peut-être de la faute de l'officier traitant qui ne sait pas comment s'y prendre. Mais, après plusieurs tentatives infructueuses pour renouer le contact, ils décident, le 29 décembre 1986, de mettre un terme à cette relation qui a duré plus de six ans mais dont, à l'évidence, le DS ne veut plus. Et dont, à ma connaissance, il ne parlera jamais.

Pas à la DST, en tout cas. Raymond Nart, qui a longtemps dirigé le département soviétique du contre-espionnage français, n'a jamais rien su. « Si, à l'époque, il avait informé la DST de ses relations avec la StB, croyez-moi, venant d'un homme aussi important dans les médias, je l'aurais su et m'en souviendrais encore », assure-t-il.

Gérard Carreyrou assure[1], lui, que ces histoires de recrutement sont « abracadabrantesques », du « pur baratin ». « Je démens formellement avoir collaboré clandestinement avec la StB, je n'ai jamais reçu de vases en cristal, seulement une bouteille de slivovitz, et j'ignorais que mon interlocuteur tchécoslovaque était un officier de renseignement », affirme le journaliste de 82 ans, dans le salon du duplex parisien où il habitait déjà dans les années 1980.

L'ancien rédacteur en chef politique d'Europe 1 devenu chroniqueur sur CNews se souvient bien du premier « diplomate » tchécoslovaque avec lequel il avait noué une amitié dans les années – « il s'appelait Frantisek Krajicek, il était tellement sympathique », s'exclame-t-il. Il se souvient aussi de quelques déjeuners avec un autre diplomate tchécoslovaque après l'arrivée de François Mitterrand à l'Élysée. Dans un premier message téléphonique, il me confie avoir partagé « trois ou quatre repas » avec lui. Après avoir discuté un moment de cette affaire, il convient qu'il s'est sans doute trompé, qu'il s'agissait plutôt de « trois ou quatre par an ». Mais pas d'un repas toutes les six semaines, soit au total 36 déjeuners du 9 juin 1981 au 8 novembre 1985, ainsi que le rapporte Litecký à ses supérieurs. « Ce chiffre me semble exagéré », hésite-t-il.

Il assure aussi que ces repas se déroulaient toujours dans des restaurants peu chers, « quelque chose comme

1. Entretien avec l'auteur le 5 janvier 2024.

25 euros par tête d'aujourd'hui », mais il reconnaît aussi que Litecký et lui se retrouvaient souvent Chez Edgar, établissement dont le prix des menus dépassaient largement les 25 euros d'aujourd'hui.

Selon Gérard Carreyrou, leurs discussions relevaient de l'échange courant entre un journaliste et un diplomate étranger. S'il ne se souvient pas d'avoir discuté avec Théo Klein lors du voyage de François Mitterrand à Moscou et donc d'en avoir révélé les détails au diplomate tchécoslovaque, il confirme avoir rapporté les dires de médecins militaires concernant la grave maladie du chef de l'État. Il concède ne pas en avoir informé ses auditeurs d'Europe 1 parce que « cela ne se faisait pas à l'époque ». Mais quand on lui fait remarquer qu'il n'a pas hésité à la transmettre à un gouvernement d'un pays appartenant à un camp militaire et idéologique adverse, il s'insurge : « La notion de secret d'État m'exaspère, quand une information est vraie, je ne vois pas pourquoi on ne peut la révéler, même à un diplomate étranger », dit-il, ne semblant pas se rendre compte de la contradiction.

Pourquoi rencontrer si souvent un modeste diplomate d'un petit pays de l'Europe centrale ? Lors de notre première discussion téléphonique, Gérard Carreyrou s'empresse de dire que « tout cela a eu lieu avant l'écrasement du Printemps de Prague par les chars russes », donc implicitement au moment où les autorités tchécoslovaques tentaient d'inventer un

« socialisme à visage humain », alors qu'en réalité les premières rencontres ont lieu treize ans plus tard.

À son domicile, le journaliste, qui se dit aujourd'hui « de droite » et « sarkozyste », revient sur ces questions de dates. Il hésite sur la période de ses rencontres avec Litecký. Il me demande : « Dites-moi, s'il vous plaît, c'était avant ou après ? », comme si, dans toute cette affaire, sa mémoire était hésitante.

« En fait, conclut-il, ce Tchèque écrivait des rapports pour se faire mousser, il racontait n'importe quoi. » Pourtant, comme on va le constater tout au long du livre, les officiers traitants de la StB n'hésitaient jamais à rapporter leurs échecs, leurs recrutements ratés. On ne voit donc pas pourquoi Litecký alias M. Brejha aurait fait une exception pour Gérard Carreyrou.

« LINO »

Le faux traître du RPR

Tandis que Gérard Carreyrou collaborait avec la StB sans en informer quiconque, un homme politique, futur président de l'Assemblée nationale, a, lui, averti la DST et accepté de jouer une sorte d'agent double.

Tout commence en décembre 1980. Patrick Ollier a 36 ans. Il est déjà un pilier du parti gaulliste, dont il a cofondé la branche jeune, l'UJP, en 1964. Après avoir été au cabinet de Georges Gorse et de Paul Dijoud, il est, en cette fin de règne de Giscard, le conseiller politique du garde des Sceaux, Alain Peyrefitte. « À ce titre, je rencontrais des diplomates de tout bord, se souvient aujourd'hui le compagnon de Michèle Alliot-Marie, dans son bureau de premier édile à la mairie de Rueil-Malmaison, à l'ouest de Paris[1]. Et parmi ces diplomates, il y avait un Tchèque très sympathique, un peu trop même. »

---

1. Entretien avec l'auteur le 12 décembre 2023.

Patrick Ollier, qui n'a jamais raconté cette histoire même à ses proches (« Je ne crois pas en avoir parlé à Michèle », souffle-t-il), a oublié sous quel patronyme le prétendu diplomate se présentait à lui. Dans les archives de la StB, on ne trouve que le nom de code de cet officier de renseignement : « Jamnicky ».

L'espion invite plusieurs fois le conseiller ministériel dans de bons restaurants du VIIe arrondissement de Paris : Chez Françoise, en face du Quai d'Orsay, au Tourville, place de l'École-Militaire, ou au Vert Bocage, boulevard de La Tour-Maubourg.

Il continue après l'élection de François Mitterrand. Il mise sur ce jeune-turc du RPR, proche de Jacques Chaban-Delmas, qui finira bien par revenir au pouvoir. Il veut tout savoir sur lui, sa famille, son réseau d'amis et de connaissances, son idéologie, sa situation financière, ses forces et surtout ses faiblesses, qui l'aideront à le recruter.

Au début, Ollier ne se méfie pas. Il raconte beaucoup d'éléments de sa vie privée, qu'il a acheté une maison et que l'emprunt lui coûte cher. Il parle de sa superbe voiture, une Citroën CX, dont il faut payer les traites. Jamnicky se frotte les mains. Pour honorer ces dettes, il acceptera peut-être des « primes », voire un salaire, de la StB.

Mais l'officier déchante vite. Car le jeune gaulliste lui apprend aussi qu'il gagne très bien sa vie. Il cumule plusieurs emplois : il est à la fois adjoint au maire de Rueil, assistant du député Jacques Baumel et conseiller du PDG de Béghin Say. Selon les calculs de l'officier de la StB, Patrick Ollier percevait « 15 000 francs par mois »[1]. Ce n'est donc pas par l'argent qu'on pourra le retourner, regrette l'officier traitant, qui note toutefois que Patrick Ollier « aime bien être invité au restaurant ».

Et puis, au cours de l'un des repas, bingo !, Ollier parle de sa passion pour la chasse qui l'a amené une fois en Tchécoslovaquie. « C'était à la fin des années 1960, je crois. J'étais convié par Robert Hersant[2] », confie-t-il aujourd'hui. L'homme de la StB l'invite illico à chasser de nouveau dans les forêts tchécoslovaques. « C'est là que j'ai compris que le sympathique diplomate n'en était pas un et que j'ai appelé un commissaire de la DST, membre du RPR, avec lequel j'avais noué une relation d'amitié », se souvient le maire de Rueil.

Des mois durant, Patrick Ollier, qui, un quart de siècle plus tard, présidera, un temps, l'Assemblée nationale, « va jouer la chèvre » pour la DST, comme il dit. « Pour aider la DST à le coincer, je lui ai fait croire que j'étais prêt à me laisser convaincre, raconte-t-il. Conseillé par mon ami du contre-espionnage, je disais ce que le prétendu diplomate voulait entendre. Je jouais au malheureux, je "plaidais Manon", comme on dit en Provence. »

À la StB, on n'y voit que du feu et on se frotte les mains. Jamnicky échafaude un plan pour recruter Patrick

1. Un revenu de cadre supérieur.
2. Grand patron de presse, très à droite.

Ollier comme DS (le niveau de Gérard Carreyrou). Il lui attribue un nom de code : « Lino ». « C'est drôle, s'esclaffe le maire de Rueil qui ignorait cet alias. Je connaissais bien Lino Ventura qui habitait à Saint-Cloud. J'allais le voir souvent pour aider son association "Perce-Neige". » Est-ce pour cette raison, parce qu'Ollier aurait raconté cette histoire à Jamnicky, que le nom de code a été choisi ? Impossible de le savoir.

En tout cas, l'officier traitant rapporte dans un mémorandum de novembre 1981 que, selon lui, Ollier est mûr pour un recrutement, sans se rendre compte que ce dernier lui ment sur ses orientations idéologiques. « Nous avons développé une relation amicale, écrit-il à Prague, il est très ouvert et expansif. Il apprécie notre justice sociale, notre niveau d'éducation et de santé, en revanche il trouve qu'il faudrait changer notre système économique. Il aimerait bien y revenir parce qu'il adore la chasse. » Il ajoute : « Étant donné que le contact se développe très positivement, je propose que nous le recrutions en mars 1982. »

Comme on le lui a conseillé, Ollier laisse traîner. Il doit faire parler son officier traitant. « La DST m'avait "sonorisé" pour récolter le maximum d'informations », raconte-t-il. Du coup, le 13 novembre 1982, au restaurant Le Vert Bocage, l'officier de la StB se découvre. « Quand nous avons parlé d'armes chimiques, rapporte-t-il, après le déjeuner, à ses supérieurs à Prague, Lino a compris que j'avais plus de connaissances qu'un diplomate ordinaire. Je lui ai dit par allusion à qui il avait affaire. Il n'était pas mécontent, au contraire, il a même dit qu'il pourrait m'aider. » Pour séduire Ollier davantage encore, Jamnicky lui offre des verres en cristal de Bohême, « pris dans la réserve de la rézidientoura », précise-t-il.

Le jeune gaulliste fait alors semblant de vouloir franchir le Rubicon. Il donne des preuves de sa prétendue bonne foi. Le 21 avril 1983, encore au restaurant Le Vert Bocage, il se montre tout à fait disposé à trahir. « Lino m'a tout de suite informé qu'il avait une information confidentielle à me révéler, écrit, après le repas, Jamnicky à Prague. En tant qu'ancien haut fonctionnaire, il a été contacté par un membre du contre-espionnage qui l'interrogeait sur ses contacts avec des employés et des diplomates des pays socialistes. Ils ont donné mon nom et Lino leur a dit qu'il me connaissait mais que nous ne nous fréquentions pas. » Il en déduit que « Lino me considère comme un ami proche et que c'est pour cela qu'il ne s'inquiète pas pour sa réputation, même si on découvre que nous nous fréquentons ». Il ajoute : « Lino a même lancé : "Je suis français et j'ai le droit de parler à qui je veux." » Une tirade à la Cyrano qui emballe le Tchécoslovaque.

Au cours des déjeuners suivants, Ollier en fait des tonnes, donne tous les gages de sa bonne orientation idéologique comme s'il récitait le manuel de l'idiot utile, mais l'officier de la StB ne comprend pas tout de suite. « Il m'aime bien, rapporte-t-il, le 7 octobre 1983. Il souligne qu'il faut se battre contre l'hégémonie américaine. Il voudrait que tout le monde se batte pour la paix, dans tous les pays, peu importe les systèmes. » Ollier joue si bien le jeu que l'officier traitant estime que, cette fois, il est vraiment prêt à être recruté. Pour l'appâter un peu plus, il lui offre un vase en cristal de Bohême « d'une valeur de 1 010 couronnes tchécoslovaques ». « Il l'a accepté, et visiblement il était content », estime Jamnicky.

Mais le déjeuner au restaurant La Terrasse en mars 1985, au cours duquel l'officier prévoit de faire une offre précise de recrutement à Lino, ne se déroule pas du tout comme dans le scénario échafaudé à Prague. « Lino, écrit abasourdi Jamnicky, m'a informé qu'il était en contact avec un membre de la DST et que celui-ci, un membre du RPR qui habite Rueil-Malmaison, est au courant de la situation. Puis il m'a demandé quand je rentrerai en Tchécoslovaquie et d'autres choses encore. En fait, il se renseignait sur moi. » Il ajoute : « Vu le déroulement de la conversation, je n'ai rien dit à propos du recrutement. » Puis conclut : « Je pense que Lino travaille pour la DST. » Et il décide de rompre tout contact avec Ollier.

Le contre-espionnage disposant des preuves dont il avait besoin, le faux diplomate est expulsé de France quelque temps plus tard. Patrick Ollier, lui, retourne à sa carrière politique qui le conduira à l'Assemblée nationale, qu'il présidera même pendant quelques mois en 2007, puis dans le fauteuil de ministre délégué aux

Relations avec le Parlement et enfin, depuis 2016, dans celui de président de la métropole du Grand Paris.

Il ne recevra une médaille de la DST que… deux décennies après les faits, en janvier 2003. La lourde décoration, qui représente une carte et un drapeau français, trône, avec de nombreuses autres, sur une étagère dans son bureau de la mairie de Rueil. À côté, soigneusement encadrée, la lettre de félicitations qui l'accompagnait. Elle est signée par Pierre de Bousquet de Florian, alors le patron du contre-espionnage français.

À l'époque, Patrick Ollier préside le groupe d'amitié France-Libye à l'Assemblée nationale. Il fricote avec le sinistre colonel Kadhafi et d'autres dictateurs arabes. Comme si, vingt ans après, il était devenu un autre homme.

« HEMAN »

L'espion qui venait du *Nouvel Obs*

Un agent secret, lui ? Vous plaisantez ! Mal fagoté, échevelé, l'homme parlait trop fort, il était myope comme une taupe et distrait comme le Grand Blond. Pourtant, ce pied-noir fut, dix ans durant, l'un des principaux agents de la StB en France – sa meilleure source secrète sur la présidence du Général.

Dans les dîners parisiens des années 1960, Albert-Paul Lentin charme, impressionne, subjugue : il est ce flamboyant quadragénaire, qui, à 17 ans, a participé à la prise d'Alger par la Résistance, et qui, à 30, était déjà une figure de la lutte anticoloniale, ami de l'opposant marocain Ben Barka et du sulfureux Henri Curiel.

Pour les rares qui savent, cet enfant de Constantine qui parle aussi bien l'arabe que le français fut même l'un des intermédiaires discrets entre les leaders du FLN algérien et l'Élysée où, malgré ses convictions politiques ancrées très à gauche, il a noué de solides contacts.

Pour le Tout-Paris politico-médiatique, Lentin est également l'une des grandes plumes multicartes de sa génération. Diplômé en droit et en philosophie, il collabore à *Libération*, quotidien alors compagnon de route du Parti communiste. Il écrit pour les revues *Caliban*, *Esprit* et *Les Temps modernes*. Pour *France Observateur* aussi, gazette neutraliste, socialiste et anticoloniale. Quand l'industriel Claude Perdriel la rachète pour fonder, en 1964, *Le Nouvel Observateur*, Lentin rejoint l'hebdomadaire dirigé par Jean Daniel, un camarade d'université à Alger. Deux ans plus tard, il en devient le chef de la rubrique internationale.

Mais, pour assurer son train de grand bourgeois, le journaliste tiers-mondiste, qui est propriétaire d'un vaste appartement près de la tour Eiffel où il habite avec sa femme et leurs trois enfants, a une troisième vie, beaucoup moins reluisante. Dans l'ombre, l'ancien résistant travaille pour la StB sous le nom de code « Heman ». Du service secret tchécoslovaque, il reçoit un salaire fixe en liquide. Sa mission : braconner secrets d'État et confidences d'alcôves auprès de ses nombreux contacts au sommet du pouvoir gaulliste et dans l'opposition socialiste. Secrets et confidences que l'on déniche dans les milliers de pages dactylographiées ou manuscrites que le département des archives de la StB confie aujourd'hui aux chercheurs sur une simple clé USB.

Au début, Lentin ne perçoit que 800 francs par mois. Mais cela ne lui suffit pas. Il s'en plaint à son officier traitant, Miska, le 25 novembre 1965 au café La

Rotonde, porte de la Muette. Le Tchécoslovaque se montre particulièrement compatissant. « Aujourd'hui, rapporte-t-il à ses chefs à Prague, Heman a souligné avec insistance que sa situation financière devenait grave. Selon lui, il est très peu payé au *Nouvel Observateur*. […] Il a de plus en plus de dépenses familiales (ses enfants sont déjà assez grands) et étant donné que les prix augmentent dans tous les secteurs, je considère, moi aussi, qu'on ne le paye pas suffisamment. 1 000 francs par mois seraient plus adéquats à mon avis. »

Pour justifier une telle augmentation, l'officier tchécoslovaque se fait DRH. « Si je compare le salaire de Heman avec celui de notre collaborateur à *L'Humanité*, celui-ci gagne presque deux fois plus que Heman, écrit-il. Je propose d'augmenter Heman à partir de l'année prochaine et pour cette année je souhaiterais lui donner une prime de 800 francs (un 13e mois, très commun en France, y compris à *L'Humanité*). Je vous en remercie d'avance. » Prague répond positivement.

Un an après, l'officier traitant Miska apprend, par son homologue soviétique, que Lentin travaille aussi pour les services bulgares depuis longtemps. Il le somme de choisir. Le Français assure qu'il préfère les Tchécoslovaques et va laisser tomber les Bulgares. L'a-t-il vraiment fait et a-t-il ainsi perdu les subsides de Sofia ? C'est probable puisque Moscou, qui sait tout de ses « filiales » est-européennes, ne dira plus rien à ce sujet.

Pour le tenir, la StB lui donne prime sur prime. En 1969, par exemple, son officier traitant lui remet

600 francs pour l'avoir aidé à recruter un autre journaliste du *Nouvel Observateur*, Gérard Sandoz – Gustav Stern de son vrai nom, « Bena » pour la StB –, dont je parlerai un peu plus loin.

Un autre jour, Miska lui glisse 300 francs pour avoir réussi « Bella », une opération de désinformation conçue par la StB. Titré « Échec américain en Algérie », il s'agit d'un article publié, en décembre 1966, dans la lettre politique du *Nouvel Observateur* (une publication réservée aux abonnés de l'hebdomadaire, qui disparaîtra en 1969).

Lentin y rapporte que, d'après un bulletin intérieur de l'ambassade des États-Unis au Caire diffusé auprès des diplomates et des hommes d'affaires américains en poste en Égypte, « le colonel Boumédiène aurait informé l'ambassadeur de France à Alger de l'intention de l'armée algérienne de prendre le pouvoir » en juin 1965 et « qu'il avait reçu la promesse que le gouvernement français n'y ferait pas obstacle, à condition que l'opération réussisse et que l'ordre soit maintenu ». « Par une malencontreuse distraction, ajoute Lentin-Heman, une secrétaire d'ambassade US a envoyé un exemplaire de ce bulletin… à l'ambassade de France » et c'est ainsi que Lentin en aurait pris connaissance. En réalité, le journaliste-espion sait parfaitement qu'il s'agit là d'un faux concocté à Prague dans le but de semer la zizanie entre Paris et Washington.

Le 17 juillet 1968, au Café Mazarin, Miska lui donne 200 francs pour un autre article commandé par la StB qu'il a fait paraître cette fois dans *Le Nouvel Observateur* lui-même (article que je n'ai pas retrouvé dans les archives du magazine). « Je lui ai donné 200 francs pour le remercier d'avoir réussi à publier l'article sur l'or tchécoslovaque, écrit l'officier traitant à ses supérieurs. Même si l'article a beaucoup changé. Il m'a expliqué qu'il était obligé d'opérer ces changements pour le faire passer. Sinon, la direction de la rédaction l'aurait refusé. »

Sa collaboration en matière de désinformation, qui est la grande spécialité de la StB, est très risquée. Durant la guerre froide, un journaliste sera condamné pour avoir collaboré sciemment à des opérations d'intoxication orchestrées par un service secret de l'Est. Il s'agit de l'éditeur d'une lettre confidentielle, Pierre-Charles Pathé, pris, en 1979, en flagrant délit lorsqu'il remet des documents à son officier traitant du KGB. La Cour de sûreté de l'État le condamnera à cinq ans de prison. S'il est découvert, Albert-Paul Lentin devra donc passer une partie de sa vie derrière les barreaux.

D'autant plus que, par avidité et sans doute par conviction idéologique, il ne recule, semble-t-il, devant aucune tâche clandestine. D'ailleurs, le service tchécoslovaque le classe dans la catégorie majeure de l'espionnage : il est un « agent » et pas seulement un « DS », comme le sera donc Gérard Carreyrou dix ans plus tard. Selon le dictionnaire de la StB, l'agent est « consciemment recruté par le service pour effectuer des tâches de renseignement. Il suit les règles de clandestinité et il se soumet pleinement aux ordres de ses officiers traitants et à la discipline imposée ».

Outre ses qualités de désinformateur, Heman est un remarquable agent de renseignement. Il se singularise par l'excellence de ses analyses, son manque total de scrupules et la quantité du travail fourni. De 1959 à 1970, il participe à 306 rencontres clandestines (trois par mois) avec ses officiers traitants, auxquels il remet plus de deux cents rapports. Souvent manuscrites, ces notes courent parfois sur plusieurs pages d'une minuscule écriture.

Parmi ces rapports secrets, religieusement conservés par la StB, il y a d'abord 107 « notices biographiques ». Plusieurs fois par an, l'officier traitant de Lentin dresse la liste des personnalités françaises qui intéressent le service secret : ministres, collaborateurs du Général, hauts fonctionnaires, mais aussi dissidents tchécoslovaques réfugiés en France ou journalistes.

Heman doit récolter le maximum de renseignements sur la famille, les amis, les vues politiques, la carrière de la personnalité visée. Avant tout, il doit dénicher ses vulnérabilités : problèmes d'argent, addictions, relations extraconjugales… tout ce qui peut aider la StB à recruter ces personnalités. Très versé dans l'étude des noirceurs de l'âme humaine, Albert-Paul Lentin s'acquitte de cette tâche avec délectation.

Au début, son officier traitant juge ses notices parfois un peu pauvres. Alors il lui propose, « pour le motiver », que « chaque note qui sera considérée comme de bonne qualité et utile pour la centrale puisse recevoir une prime. Il a tout de suite été intéressé », précise l'officier de la StB dans un rapport à Prague.

J'ai sélectionné quelques extraits de ces « notices biographiques », parfois sordides.

Le secrétaire d'État aux Affaires étrangères, Michel Habib-Deloncle, quadra lui aussi, est l'une des cibles de Prague. Avec lui, Heman entretient « les relations les plus étroites », se targue-t-il : vingt ans plus tôt, les deux jeunes gens étaient chargés de mission auprès du ministère public français au tribunal de Nuremberg.

Selon Heman, ce modeste secrétaire d'État vaut la peine que la StB s'y intéresse. « Le principal intérêt d'Habib-Deloncle, assure-t-il, est que le Général, le sachant totalement fidèle et dévoué, et incapable de la moindre ruse ou double jeu, lui fait quelquefois des confidences très précises sur les principales lignes de sa grande politique. » Comment le ferrer ? « Psychologiquement, il est assez facile de manœuvrer Habib, qui possède une mémoire de cheval et une grande capacité de travail, mais qui n'est guère intelligent, en faisant jouer chez lui un ressort fondamental : la vanité. Il dira tout ce qu'il sait, y compris les choses les plus secrètes, pour apparaître important, bien informé, etc. », se réjouit son ami Lentin.

Si cette approche ne marche pas, reste un autre « ressort possible », souffle l'agent Heman : « la crainte du scandale ». « Habib, qui a beaucoup de tempérament, souffre de la fidélité conjugale qu'il pratique pour des raisons religieuses, confie Lentin sans vergogne. S'il lui arrivait de tromper sa femme, il vivrait dans la terreur que cela se sache, et quelqu'un qui serait au courant pourrait fort bien exploiter ces terreurs du scandale. » Bref, le journaliste suggère à la StB d'envoyer une jeune femme (une « hirondelle » dans le jargon) séduire le secrétaire d'État de De Gaulle.

Lentin-Heman fait à peu près la même suggestion pour Jean-Luc Laval, « brillant causeur, très mondain et actuellement chargé des "public relations" de l'hôtel Matignon avec les milieux parlementaires ». « Point faible, écrit Heman à son officier traitant : la passion des femmes. Il a une réputation de séducteur et passe pour prêt à n'importe quoi pour obtenir la femme du moment qu'il convoite. »

La StB s'intéresse aussi au gaulliste Louis Vallon, le président de la commission des finances de l'Assemblée nationale. « Je l'ai très bien connu pendant la guerre et entretient avec lui d'excellentes relations », certifie le journaliste barbouze qui considère Vallon comme « l'un des personnages les plus importants du régime ».

Ce polytechnicien « extrêmement doué » fut « l'un des premiers à rejoindre de Gaulle à Londres », raconte Heman dans sa notice biographique consacrée à Vallon. « Pendant toute la guerre, précise-t-il, il conserve le titre d'attaché auprès du Général, qui lui confie souvent des missions personnelles, en dépit de sa réputation de “garçon pas sérieux” (boute-en-train spirituel aimant beaucoup la blague, la plaisanterie, célèbre pour ses boutades, Vallon est en effet un noceur et un buveur bien souvent ivre, ce qui l’expose souvent aux colères de De Gaulle, mais le Général finit toujours par pardonner à “l’enfant terrible”). »

Comment le recruter ? « Son penchant à la boisson tourne à l’ivrognerie, jusqu’à ce qu’il se décide, en 1955, à une cure de désintoxication terrible mais réussie, mais il demeure très coureur », lâche Lentin-Heman. D’où sa vulnérabilité : « Vallon est marié à un médecin ophtalmologiste (Suzanne Vallon) qui a soigné les yeux de De Gaulle. Cette épouse est très jalouse et Vallon vit dans la terreur qu’elle apprenne sa très récente et très secrète liaison avec une toute jeune collaboratrice [...] de l’Institut d’études politiques, Mlle X[1]. »

D’autres exemples ? D’un patron de la radio RMC qui intéresse la StB, Heman indique qu’il a été agent de l’Intelligence Service britannique pendant la guerre et qu’il est désormais l’un des proches de Jacques Foccart, le grand vizir des services secrets auprès de De Gaulle. Il assure qu’il est « très vulnérable » à cause des « partouzes » auxquelles il participerait.

Du général Jacques Mitterrand, frère cadet de François, grand maître du Grand Orient et commandant

1. Je préfère taire le nom de cette personne toujours en vie.

adjoint des forces stratégiques françaises, Heman écrit qu'il est l'un de ses « grands amis » mais qu'il a lui aussi « un point faible » : il aurait été à l'origine d'un accident mortel de la circulation ; l'affaire aurait été étouffée par la hiérarchie policière.

D'un responsable de l'organisation militaire européenne, l'UEO, Lentin dégoise : « [...] tempérament puissant, bon vivant, aimant l'alcool et les femmes, il est le type même du haut fonctionnaire qui peut se laisser aller à pas mal de confidences après un bon repas bien arrosé ». D'un porte-parole de l'Élysée que les Tchécoslovaques voudraient recruter, Lentin assure qu'il est « pédéraste ». De la femme d'un ministre, il certifie qu'elle entretient des relations intimes avec la compagne d'un autre ministre.

Les hommes du SDECE, le service français d'espionnage, intéressent aussi bigrement la StB. Par exemple, Jacques Locquin, ancien correspondant de l'AFP et du SDECE en Chine, que Lentin « connaît très bien ». Il dirige désormais TéléEurope, « une agence semi-publique de télévision qui propose des films à plusieurs télévisions étrangères mais qui est aussi une couverture pour les déplacements de certains agents du SDECE ». « Son importance, explique Lentin, vient du fait qu'il a le contact direct avec de Gaulle, qui fait appel à lui chaque fois qu'il a besoin de renseignements sur la Chine. » « Points faibles, précise Heman dans sa note sur Locquin : aime se mettre en avant et a de gros soucis d'argent. »

Heman dresse aussi le portrait de Samuel Ariel, autre homme de médias très lié au SDECE. « En 1945, il est devenu chef de la publicité extérieure du *Monde*, raconte Lentin, et il est entré au SDECE, non pas comme employé permanent mais comme “correspondant” payé pour chaque mission effectuée. Ses fonctions au *Monde* lui ont permis de faire de longs séjours dans plusieurs pays asiatiques afin de préparer les messages publicitaires passés par ces pays dans *Le Monde* et il a profité de ces séjours pour remettre, à son retour, des rapports très documentés à Foccart, pour lequel il travaille exclusivement, semble-t-il, aujourd'hui et qui le rémunère sur ses fonds secrets. Sa prochaine mission [pour Foccart] le conduira en Chine, d'octobre à décembre prochains. » Autrement dit, la StB pourrait l'approcher là-bas.

Lentin fait du zèle, il propose aussi à son officier traitant de tenter d'approcher des journalistes politiques du *Canard enchaîné*. Pas les responsables du service, Jean Clémentin, « intellectuellement anarchiste et politiquement cynique »[1], ni Fressoz « par ailleurs occupé ». En revanche, « il serait habile, à notre sens, de prendre contact avec leurs deux principaux collaborateurs, anciens membres de l'équipe de *Libération* et donc politiquement progressistes. D'une part le vétéran André Sauger, vieux routier de la presse, paresseux

1. Donc Heman semble ignorer que Clémentin est déjà un important agent de la StB.

mais bien informé, et d'autre part André Champsavoir [ancien de *Libération*] qui continue à fournir des informations au *Canard enchaîné* ». Ni l'un ni l'autre n'ont, à ma connaissance, finalement été recrutés par la StB, du moins pas dans les années 1960.

« HEMAN » (suite)

Des gorges profondes chez de Gaulle

La StB rémunère aussi le journaliste Albert-Paul Lentin pour ses notes sur les politiques étrangère et intérieure. En dix ans, il en écrit plus d'une centaine – parfois même en utilisant des rames de papier à en-tête du *Nouvel Observateur* ! Il traite des thèmes commandés par la StB : les relations entre de Gaulle et l'Allemagne, l'OTAN ou l'URSS, le développement de l'arme atomique française, la composition du nouveau gouvernement ou les voyages à l'étranger du leader de l'opposition, François Mitterrand.

Informés aux meilleures sources et écrits sur le vif par un brillant analyste, certains de ces rapports comportent des renseignements d'une grande importance pour les Tchécoslovaques – et donc pour les Soviétiques qui en reçoivent la plupart. Mélanges de citations truculentes du Général et d'analyses diplomatiques de haute volée, ils sont aussi, me semble-t-il, d'une valeur historique indéniable pour comprendre la fabrique au jour le jour de la politique étrangère gaulliste.

Heman a plusieurs sources majeures à l'Élysée, des hommes qui ne se doutent pas un instant que Lentin est un espion de l'Est : ils se confient à lui sur les grandes affaires du monde et l'univers politique français par esprit de camaraderie et, parfois, par vanité.

Il y a d'abord Étienne Burin des Roziers, officier d'ordonnance du Général pendant la guerre, diplomate et secrétaire général de l'Élysée de 1962 à 1967. À son propos, l'agent Heman, toujours aussi vache, écrit : « Son avancement a été plutôt lent car il n'est ni très intelligent ni très travailleur. De Gaulle l'a appelé auprès de lui pour son dévouement, plutôt que pour toute autre qualité. » Comment Heman parvient-il à le faire parler ? « Assez superficiel, fort mondain, il se pique de belles lettres et se prétend amateur d'art, persifle Lentin. Il rencontre volontiers des écrivains de gauche dans des soirées littéraires chez des collègues ou des ex-collègues du Quai[1] – Dennery et de Bourbon Busset, qui s'adonnent à la littérature. C'est là que pour briller en société, Burin des Roziers parle quelquefois de son travail, à l'Élysée, de la grande politique générale ou des problèmes de l'OTAN qu'il est chargé de suivre personnellement. Autant il peut se montrer bavard dans ces soirées littéraro-mondaines, autant il se montre prudent, discret et réservé dans les

1. Quai d'Orsay, surnom du ministère des Affaires étrangères.

entretiens qu'il accorde dans son bureau à l'Élysée. » Lentin, « qui connaît cette particularité, ne va jamais le voir à l'Élysée mais le rencontre de temps à autre chez l'écrivain Vercors ».

C'est là que, début janvier 1967, Burin des Roziers relate à Lentin, alias Heman, sa dernière entrevue avec le Général. L'année 1967 s'annonce cruciale pour les relations entre de Gaulle et l'Amérique. Six mois auparavant, le chef de l'État a engagé un bras de fer avec la Maison-Blanche. Il a annoncé que la France quittait le commandement intégré de l'OTAN. Et il a donné quelques mois aux Américains pour fermer leurs bases militaires en métropole. Il y a aussi la terrible guerre au Vietnam. Le président français ne cesse de dire publiquement que les Américains n'ont rien compris aux véritables motivations des Vietnamiens, que ceux-ci veulent avant tout leur indépendance et non la victoire du communisme en Asie. Que donc là aussi l'US Army doit partir. Dernier sujet brûlant : l'entrée de la Grande-Bretagne dans le Marché commun européen. Washington y est très favorable. De Gaulle, qui doute fort de la loyauté du gouvernement britannique envers le Vieux Continent, y est hostile.

« Le premier rapport qui a été présenté au président, confie Burin des Roziers à Lentin, concernait la dernière "prétendue initiative" du ministre des Affaires étrangères anglais George Brown au sujet du Vietnam. Il a eu le don de l'exaspérer. Fort en colère, il s'est écrié "les Angliches [sic] ne se contentant pas de s'aligner honteusement sur les Américains dans l'affaire vietnamienne, ils ont encore l'hypocrisie de faire croire à leur opinion à gauche. Tant qu'ils ne se décideront pas à condamner explicitement les bombardements US sur le Nord-Vietnam, tout le monde les considérera pour ce qu'ils sont en réalité : des valets des Américains. Ces gens-là, Burin, ne doivent pas entrer dans le Marché commun, tout au moins tant qu'ils n'auront pas changé de politique". »

Toujours selon le rapport secret de Lentin, Burin interroge ensuite de Gaulle sur Robert Kennedy, le frère du président assassiné, candidat à l'élection présidentielle de 1968. Il lui demande s'il a des chances d'être élu. « Non seulement je ne le crois pas mais je ne le souhaite pas, a rétorqué de Gaulle, rapporte Lentin. Bob Kennedy est un "faisan" [...], un faux libéral qui aurait fait au Vietnam et ailleurs une politique pire encore que celle de Johnson. En ce qui me concerne, mon candidat à la Maison-Blanche est Humphrey[1]. »

Début juillet 1967, Lentin retrouve Burin. Cette fois, il est question d'une autre pomme de discorde entre Paris et Washington : les relations avec Moscou. Un an auparavant, en juin 1966, de Gaulle a fait un voyage très spectaculaire en URSS, où il a été reçu avec tous les honneurs. Le président français vient de rendre l'invitation et d'accueillir à Paris le président du Conseil

1. Le candidat démocrate qui sera finalement choisi après l'assassinat de Robert Kennedy, puis battu par Richard Nixon.

des ministres soviétique, Alexis Kossyguine. Burin des Roziers en était. Il est pressé de tout raconter à Lentin.

« Nous l'avons rencontré, écrit l'agent Heman, samedi soir au cours du cocktail d'avant vacances de Roger Stéphane[1]. » Là, Burin raconte à Lentin qu'il « a assisté au déjeuner "intime" offert le samedi 1er juillet par de Gaulle à Kossyguine ».

« Le Général, explique Burin, a tenu à ce que Pompidou, son Premier ministre, ne participe pas à la seconde partie de l'entretien. Pourquoi ? De Gaulle se méfie tellement maintenant des sentiments pro-israéliens de l'ancien fondé de pouvoir de la banque Rothschild[2] qu'il a préféré parler des questions vraiment cruciales seulement dans son tête-à-tête avec Kossyguine. » Burin se flatte d'avoir été mis au courant, après le départ du dirigeant soviétique, « de la substance même des entretiens ». « Substance » qu'il a résumée en ces termes : « De plus en plus conscient du fait que, d'une part, les USA sont désormais le seul "Super grand" et que, de l'autre, il faut "contenir" l'hégémonie américaine, le président français a proposé franchement à Kossyguine, qui l'a acceptée, une sorte d'"alliance objective" URSS-France-Tiers-Monde contre les USA. »

1. Grand résistant, Stéphane a cofondé *France Observateur*, puis est devenu producteur de télévision.

2. Georges Pompidou a été l'un des dirigeants de cette banque de 1953 à 1962.

Très intriguée par cette note, la StB interroge ses « amis » du KGB pour savoir si le rapport d'Heman est fiable ou farfelu. Réponse de Moscou le 19 septembre 1967 dans un télégramme en russe : « Nous vous informons que le contenu du rapport de l'agent Heman a confirmé nos conclusions. Mais nous n'avons pas les moyens de connaître le détail précis de ces discussions. » Autrement dit, Lentin en sait plus que nous…

Deuxième source majeure de l'agent Heman : le conseiller d'État Bernard Tricot, archétype du grand commis de l'État. Secrétaire général de la Défense nationale, puis secrétaire général de l'Élysée, poste auquel il a remplacé Burin des Roziers, Tricot est l'homme des missions confidentielles de De Gaulle. Lentin l'a rencontré losque lui-même était l'un des intermédiaires discrets entre les dirigeants du FLN et l'Élysée où Tricot était son interlocuteur. Depuis, une sorte de complicité s'est nouée entre les deux hommes si différents. À tel point que le haut fonctionnaire révèle régulièrement et naïvement au journaliste espion des secrets d'État que celui-ci s'empresse de transmettre à son officier traitant.

Un an après l'annonce du retrait français du commandement intégré de l'OTAN, Tricot reçoit Lentin. Il lui révèle que « les gouvernements de Paris et de Washington signeraient, à la fin du mois de février, un accord officiel sur les implantations américaines en France dans le cadre de l'Alliance atlantique », autrement dit, sur les modalités de leur retrait. Mais selon Tricot cet accord attend toujours l'« acceptation définitive » du président Johnson, qui tarde. Le secrétaire général de l'Élysée ajoute : « Fort mécontent de cette attitude, de Gaulle fait prévenir Johnson que si l'acceptation définitive ne parvenait pas à Paris avant le 28 février, il remettrait en question tout le texte, et notamment ses dispositions concernant l'oléoduc OTAN qui traverse la France de la côte atlantique à la frontière [avec la RFA] et qui alimente en carburant les forces US d'Allemagne. » La menace est prise très au sérieux à Washington parce que, si Paris refuse qu'un tel oléoduc transite par la France, les États-Unis devront trouver une autre voie pour acheminer le gasoil indispensable aux troupes américaines qui font face à celles du pacte de Varsovie. La réponse, positive, viendra avant le 28 février.

Quelques semaines plus tard, le secrétaire général de l'Élysée livre un autre secret militaire à Heman. Il est question du développement de la bombe thermonucléaire française. Toute la stratégie gaulliste repose sur la possession de cette arme terrifiante. Le Général estime que, sans des bombes H beaucoup plus puissantes que de simples engins atomiques, la place de la France dans le monde sera menacée. Or cela fait plusieurs années que le CEA patine, sans parvenir à trouver la formule miracle de l'arme thermonucléaire.

Lentin écrit à son officier traitant : « Nous venons d'avoir un intéressant entretien à trois avec Tricot et le journaliste au *Nouvel Observateur* Olivier Todd, qui est d'ailleurs cousin de Mme Tricot, ce qui arrange bien les choses, car la conversation a pu se dérouler discrètement, non pas à l'Élysée mais au cours d'une soirée au domicile des Todd à Saint-Germain-en-Laye. » Le temps n'étant pas mesuré, Tricot a livré assez franchement le fond même des pensées élyséennes sur un retrait éventuel de la France de l'Alliance atlantique, sujet très à la mode ces temps-ci : « La doctrine de l'Élysée est toujours qu'un retrait n'est envisageable qu'en cas de possession [par la France] d'une bombe H et l'on espère beaucoup que la contribution du professeur Yvon, qui vient d'être "récupéré" par les constructeurs de la bombe, pourra combler le "déplorable retard" qui a été pris à ce sujet. » Le physicien Jacques Yvon, que Lentin désigne ainsi comme cible des barbouzes de l'Est, a officiellement quitté l'équipe du Commissariat à l'énergie atomique en 1962 pour retourner à l'enseignement. Son retour discret en 1965 dans l'équipe informelle qui réfléchit à l'arme thermonucléaire ne sera connu que bien plus tard.

Sur les difficultés de mise au point de la bombe H française, sujet sur lequel la StB et le KGB veulent tout savoir, l'agent Heman recueille quelques mois plus tard une autre information d'importance. Il la tient d'un haut fonctionnaire très bien placé.

« Le secrétaire d'État français chargé des questions atomiques et scientifiques, Maurice Schumann, a révélé récemment à son directeur de cabinet, Paul

Lemerle, de qui nous tenons cette confidence, que deux des trois expériences nucléaires françaises effectuées jusqu'ici sur l'atoll de Moroa [sic][1] n'avaient pas donné de résultats satisfaisants, rapporte Lentin à la StB. L'équipe qui poursuit ses travaux bute, non pas sur des problèmes scientifiques fondamentaux ("sur les ordinateurs, dit Maurice Schumann, tout marche bien") mais sur des problèmes technologiques comme la "géométrie des volumes" pour la disposition de la charge et du détonateur. » Tout cela est exact et hautement confidentiel.

Tout aussi exacte et confidentielle, l'information militaire que Bernard Tricot livre à l'agent Heman le 22 avril 1969, une semaine avant la défaite du Général au référendum et sa démission de l'Élysée. Cette révélation dit l'ambiguïté gaullienne vis-à-vis du grand frère américain et de son arsenal atomique que l'on critique vertement mais dont on a toujours besoin puisque la force de frappe française n'est pas suffisamment puissante pour dissuader les Soviétiques.

« Il y a deux mois, confie Tricot à Heman qui le rapporte illico dans une note à la StB, de Gaulle a autorisé le général Fourquet [chef d'état-major des armées] à demander au général Lemnitzer [patron américain des forces de l'OTAN] si, en cas d'attaque de l'URSS contre l'Europe continentale, les forces de l'OTAN, et notamment les forces US, étaient disposées à protéger

1. Il s'agit de Mururoa.

par leur “puissance de feu atomique” les forces françaises d’Allemagne qui ne disposeront qu’en 1972 d’armes atomiques tactiques françaises véritablement opérationnelles. » « Officieusement, assure Tricot, Lemnitzer a répondu à Fouquet : “Cela va de soi” mais ni à Paris ni à Washington on ne souhaite rendre cet échange de vues officiel, si bien que Lemnitzer n’a pas répondu officiellement – et ne répondra sans doute jamais – à la note écrite que lui a remise Fourquet. » Il s’agit là, à l’époque, de l’un des secrets militaires supposés être les mieux gardés de la République.

Autre source régulière de Lentin au sommet de l’État : le conseiller diplomatique de De Gaulle, Pierre Maillard, qu’il connaît aussi depuis l’affaire algérienne. Il le rencontre chez Roger Stéphane, où « il parle très librement ».

Sous l’impulsion de Lentin, Maillard aborde souvent la question franco-allemande, l’un des sujets favoris de la StB et du KGB. La stratégie de Moscou et de ses affidés consiste à empêcher, autant que faire se peut, le rapprochement entre les deux anciens ennemis, et cela afin d’éviter la constitution d’un bloc ouest-européen puissant et uni face à eux. Quant au Général, tout à sa méfiance de l’hégémonie américaine, il redoute une Allemagne de l’Ouest très alignée sur Washington et donc peu en phase avec sa propre stratégie…

Ce jour-là, Pierre Maillard parle du conservateur Ludwig Erhard, que de Gaulle juge trop proaméricain et entend empêcher de devenir chancelier.

Pour l'écarter, tous les moyens sont évoqués. « Il reste la solution, souvent envisagée à l'Élysée, raconte Maillard à Lentin, de faire "liquider" Erhard comme on a liquidé Strauss en lui "lançant dans les pattes des affaires de corruption" et "même plus radicalement, s'il le faut". » Si une telle opération extravagante a été tentée, elle a échoué, puisque Erhard a bien succédé au chancelier Adenauer.

Quatrième source de l'agent Heman : le puissant et rigide ministre des Affaires étrangères du Général, Maurice Couve de Murville, qui parle aussi souvent à Lentin, notamment au cours des sommets internationaux. Le 13 juin 1967, la réunion annuelle – et ultra-secrète – du Conseil de l'Atlantique Nord se tient à Luxembourg. La StB envoie le journaliste dans le Grand-Duché, tous frais payés, rencontrer les hauts responsables occidentaux présents. Couve de Murville le reçoit après son dîner en tête à tête avec le secrétaire d'État américain Dean Rusk, un repas consacré essentiellement aux suites de la guerre des Six Jours qu'Israël vient de remporter.

« Le plan américain est le suivant, rapporte Couve de Murville au journaliste espion : [...] faire accepter au gouvernement de Tel Aviv, par des pressions discrètes mais très fortes – notamment le chantage à la suppression de l'aide des Juifs de New York et des banques américaines –, l'idée qu'il doit renoncer [...] à toute idée de maintien de conquête territoriale, à l'exception de la partie arabe de Jérusalem. [...] En échange de ces concessions, les pays arabes devraient reconnaître l'État d'Israël. » Selon Heman, Couve a répondu que « le gouvernement français, au cours des dialogues publics ou secrets qui vont s'engager entre Paris, Londres, Washington et Moscou, essaiera d'infléchir sensiblement les positions de ses partenaires occidentaux en faveur des thèses arabes ». Un long processus diplomatique commence qui, cinquante-sept ans après, n'est toujours pas achevé – loin s'en faut.

L'agent Heman joint au rapport une note de frais de 350 francs, pour deux nuits à Luxembourg, à l'hôtel Eldorado, un déjeuner et deux dîners, taxis et achats de journaux. Fin juin 1968, la StB lui paye un autre voyage, en Islande cette fois, pour un autre sommet de l'OTAN, ces raouts qui réunissent tous les leaders occidentaux afin de décider de la stratégie à suivre contre le bloc soviétique. Coût : 500 francs.

En 1969, la StB débourse 250 francs pour un aller-retour à Bruxelles, encore pour un Conseil atlantique, sujet d'intérêt majeur pour Prague et Moscou, puisque là sont prises les grandes décisions militaires de l'Alliance contre l'Union soviétique. Comme elle est sortie du commandement intégré, la France n'est représentée à ce Conseil qu'à un niveau subalterne. Lentin parvient pourtant à découvrir les principales conclusions du Conseil.

« Le dernier jour, le ministre des Armées, Messmer, a fait un voyage rapide à Bruxelles pour dîner avec ses collègues au restaurant Le Gaulois, rapporte

Lentin à son officier traitant. Après le dîner, il s'est fait faire, par le conseiller militaire de la délégation permanente française à l'OTAN, le colonel Péretié, un exposé complet sur le déroulement des travaux du Conseil en matière militaire. Le [même] colonel, qui est très hostile à l'actuelle stratégie de l'OTAN, n'a mis aucune mauvaise grâce à nous présenter, à nous aussi, son analyse du bilan des travaux atlantiques dans le domaine militaire. »

« Au terme des décisions prises, résume l'agent Heman, révélant ainsi un secret militaire, l'OTAN ne disposera en 1972 que de 24 divisions opérationnelles alors que, selon les plans précédents, le chiffre aurait dû être de 30. En fait, dit Péretié, l'OTAN ne possède actuellement que 21 divisions en état de combat et plusieurs d'entre elles sont très médiocres. Cette médiocrité des forces classiques de l'OTAN, [le secrétaire adjoint à la Défense des États-Unis] Paul Nitze ne l'a pas contestée, mais il l'a estimée "pour l'instant acceptable dans la mesure où l'URSS ne semble pas vouloir dans la conjoncture présente attaquer l'Europe". » Autant d'informations cruciales pour le camp d'en face, le pacte de Varsovie auquel elles sont transmises illico.

Le colonel Péretié rapporte ensuite à Lentin le débat de la plus grande importance qui a animé le Conseil atlantique, celui sur la « riposte graduée ». Il s'agit d'une expression inventée par les stratèges américains à la fin des années 1950 après que l'URSS a mis le premier satellite de l'histoire sur orbite. Ce lancement réussi signifiant que l'Union soviétique pouvait envoyer un engin nucléaire autour de la Terre et le faire retomber sur le territoire américain. Si bien qu'à Washington, on se demande désormais comment réagir si l'URSS frappe d'une manière ou d'une autre l'Europe de l'Ouest. La question est simple : puisque les Soviétiques peuvent envoyer un missile thermonucléaire sur une grande ville des États-Unis, les Américains sont-ils prêts à sacrifier New York ou Chicago pour sauver Berlin ou Paris ? En cas d'attaque soviétique contre l'Europe, ne vaudrait-il mieux pas tenter de stopper en ripostant de façon graduée, c'est-à-dire avec des armes dites conventionnelles, plutôt que de déclencher tout de suite un cataclysme atomique ?

Lentin rapporte donc la question suivante qui se pose à ce Conseil atlantique de 1969 : que se passerait-il « en cas de guerre où l'Armée rouge ne prendrait l'offensive [vers l'Europe de l'Ouest] que par des moyens classiques et non nucléaires » ? Selon l'informateur de Lentin, le Conseil atlantique est unanime sur un point : « Si ces moyens classiques sont limités, l'OTAN doit répondre par des moyens classiques de même ampleur. » « Mais, poursuit l'officier français, il peut arriver cependant que l'URSS, profitant de sa supériorité sur l'armement classique, attaque avec des moyens énormes et remporte certains succès initiaux. » Que faire dans ce cas ?

Au cours du Conseil atlantique, les avis divergent. « Schroeder [le ministre allemand de la Défense] affirme que, dans ce cas, on devrait considérer que le "seuil nucléaire" est atteint et que l'OTAN devrait contre-attaquer en utilisant la première et très vite des moyens nucléaires. [...] Paul Nitze rétorque que, selon lui, "l'arme atomique ne devrait être employée que si les stratèges de l'OTAN acquièrent la conviction qu'il n'y a plus d'autres moyens d'enrayer la force irrésistible des unités classiques soviétiques". Schroeder estime au contraire que l'arme atomique devrait être employée dès lors que le déséquilibre apparaîtrait, car il "n'accepterait pas que le territoire ouest-allemand soit un territoire sacrifié susceptible d'être détruit après que l'ennemi aurait avancé". » On peut être sûr que ce rapport de Lentin à la StB, qui montre les divisions occidentales sur la stratégie de la « riposte graduée », a filé directement à Moscou.

La StB demande aussi à Heman de s'intéresser à l'opposition politique en France, aux socialistes surtout, qui pourraient arriver bientôt au pouvoir. Moscou redoute que, de retour aux affaires, ils ne redeviennent aussi atlantistes qu'ils l'ont été au début des années 1950, au moment de la création de l'OTAN. C'est pourquoi l'officier traitant de Heman est si friand de renseignements sur les rapports entre Mitterrand et les États-Unis. Heman s'empresse de le satisfaire.

« Nous tenons de notre ami Georges Fillioud, ancien journaliste à Europe 1, devenu député FGDS de la

Drôme et principal conseiller de Mitterrand en politique étrangère, la vérité sur les manœuvres que les Américains, qui pensent à l'après-gaullisme, développent actuellement pour circonvenir la Fédération de la gauche, la ramener à l'orthodoxie atlantique et casser son alliance avec le Parti communiste », rapporte Lentin le 20 septembre 1967.

« La première opération a eu lieu en juillet dernier, confie-t-il. La "Pan American World Airways" a offert un billet d'avion et un séjour gratuit à l'avocat et député de Brive, Roland Dumas, personnage vénal et aventurier très lié à Mitterrand, y compris dans les périodes les plus troubles de la vie du chef de la FGDS. Prétexte de cette "visite privée" : une étude sur le fonctionnement des lignes intérieures aériennes aux USA. En fait, Dumas a rencontré, à Washington, de hauts fonctionnaires du State Department avec lesquels il a mis au point la deuxième opération : l'opération Hernu. »

« Charles Hernu, animateur de la Convention des institutions républicaines et autre principal lieutenant de Mitterrand, est parti à son tour à la fin de l'été pour les USA, poursuit l'agent Heman. Avant son départ, il a déclaré à la presse que son "vieil ami" Salinger, l'ancien attaché de presse de Kennedy, qui dirige aujourd'hui des affaires d'édition et qui passe souvent par Paris car il est marié à une Française, l'avait invité aux USA au nom du parti démocrate pour assister à certaines conventions locales de ce parti et pour étudier le système américain des "élections primaires" pour la présidence de la République. »

Mais, selon Fillioud, c'est une couverture. « Là encore il s'agit d'un prétexte, et d'un mauvais prétexte, car le voyage et le séjour de Hernu sont bel et bien payés par le Département d'État. Hernu a très vite rencontré Rusk[1], qui lui a transmis une invitation en bonne et due forme pour Mitterrand avec lequel les autorités de Washington, y compris le président Johnson, souhaiteraient avoir des entretiens politiques. »

Après l'écrasement du Printemps de Prague par les troupes du pacte de Varsovie, la StB charge aussi Lentin de récolter des renseignements sur un dissident tchécoslovaque, l'intellectuel Pavel Tigrid, établi à Paris depuis 1960 et qui fréquente régulièrement l'équipe du *Nouvel Observateur*. Heman rechigne. Il écrit une première note biographique insipide.

Son officier traitant lui promet une prime s'il cherche vraiment. Alors, en 1969, Lentin rend une note manuscrite intitulée : « Renseignement complémentaires sur Pavel Tigrid ». Il rapporte que selon l'une de ses sources « Tigrid travaille pour les services de renseignement français – SDECE et réseaux Foccart – et que ces derniers ont pu se convaincre, par des enquêtes discrètes, qu'[il] n'a pas d'autres employeurs aux USA, en Angleterre et en Allemagne de l'Ouest ». Il ajoute que « Claude Roy [écrivain

1. Secrétaire d'État du président Johnson.

et chroniqueur au *Nouvel Observateur*] considère Tigrid comme “un défenseur du socialisme à visage humain” et un homme à qui, lui marxiste, il fait confiance ».

Début juillet, il se ravise. Il affirme que l’une de ses sources a discuté avec Claude Roy et Louis Aragon et qu’aujourd’hui tous les trois prétendent que Tigrid est « un agent américain et un ennemi des communistes ». Pour cette information, vraie ou bidon, Heman reçoit 300 francs.

Et puis il y a les renseignements que Lentin livre oralement au cours de ces multiples tête-à-tête avec ses officiers traitants. Tous les mois, a lieu une rencontre fixe d’instruction au cours de laquelle son interlocuteur de la StB donne ses directives ; il s’agit impérativement d’un déjeuner auquel il faut ajouter, mensuellement également, deux rencontres de transmission dans des cafés et une rencontre dite fixe, au café-brasserie Sarah Bernhardt, place du Châtelet à Paris, tous les premiers jeudis du mois à 15 heures.

Au cours de leurs dialogues, Lentin parle beaucoup du *Nouvel Observateur*. Le 20 septembre 1967, au Chien qui Fume, il râle contre un article de Maurice Clavel sur la Tchécoslovaquie et peste de ne pouvoir influencer la ligne de l’hebdomadaire sur le sujet. Un mois plus tard, il s’en prend à la direction du journal, qui penche trop à son goût vers Pierre Mendès France. Pourtant, quelques jours plus tard, l’ancien président du Conseil le croise dans un autre café avec son officier traitant, qui constate que l'homme politique se montre très chaleureux envers le journaliste.

Le 3 mai 1968, Heman rapporte que Jean Daniel lui a proposé d'aller en Tchécoslovaquie, en plein Printemps de Prague. « Il a refusé, rapporte l'officier traitant, il a eu peur. Daniel a envoyé Held. » Le 7 juin, après la tourmente de Mai, Lentin, qui a pris la tête de la fronde contre Jean Daniel qu'il juge trop à droite, dit qu'il y a « une crise profonde dans la rédaction » et que « Claude Perdriel a averti qu'il s'opposera au projet de la rédaction de créer une coopérative ». Quelques mois plus tôt, Lentin s'est plaint de l'arrivée au conseil d'administration du *Nouvel Observateur* d'un grand ami de Jean Daniel, Charles Guetta. « Un capitaliste pro-américain », avait-il lancé à son officier traitant.

Fin 1968, l'espion Heman commence à prendre peur. Après l'écrasement du Printemps de Prague, plusieurs officiers de la StB ont fait défection à l'Ouest – notamment Stanislav Kaplan, qui sait que Lentin travaille pour le service secret tchécoslovaque.

Son officier traitant met en place de nouvelles mesures de sécurité. Jusque-là, lorsque le journaliste le rejoignait dans un café, il devait vérifier si le Tchécoslovaque fumait – un signal d'alerte. Dans ce cas, il devait faire semblant de ne pas le voir. Mais, comme Lentin est particulièrement myope et distrait, l'homme de la StB ajoute une consigne de sécurité, un autre code. Lorsque le journaliste s'assoit, il doit lui dire : « Je viens de la part de Raymond. » En cas de menace, l'officier doit répondre : « Je le connais depuis 1954. »

Mais ces mesures sont jugées insuffisantes par le service secret. Après les révélations du transfuge Kaplan, un haut gradé qui a fui en Allemagne de l'Ouest en août 1969, des agents sont arrêtés un peu partout en Europe de l'Ouest. Le 10 septembre 1969, la StB, qui surveille l'appartement de Lentin depuis plusieurs semaines, repère deux voitures de la DST devant le domicile du journaliste. Le lendemain, les mêmes véhicules se trouvent à la sortie des bureaux du *Nouvel Observateur*, rue d'Aboukir. Ainsi de suite pendant tout le mois.

Si bien que, fin septembre, la StB décide d'arrêter toute relation avec Lentin. « À cause de l'émigration de l'ancien officier Stanislav Kaplan, écrit un responsable du service secret au ministre de l'Intérieur, Jan Pelnar, le 1er octobre 1969, il est très probable que l'agent Heman, dirigé par la rézidientoura à Paris, est en danger. Kaplan a connu cet agent entre avril et septembre 1968. La centrale a donc décidé d'interrompre le contact avec Heman. Après la première vérification de la part du service de renseignement tchécoslovaque qui a été effectuée en août, pour l'instant il n'y a aucune indication que le renseignement français surveille Heman. Selon nous, les Français vont plutôt rester au niveau "observation". Il leur serait très compliqué de le mettre en garde à vue, parce qu'il est très connu, et les officiers français n'ont aucune preuve contre lui. Néanmoins, pour le protéger, nous voudrions complètement arrêter notre collaboration. »

« Nous allons bientôt décider comment procéder avec lui, ajoute-t-il, mais pour l'instant il est plus raisonnable de l'effacer de notre réseau d'agents. Il s'agit d'un agent précieux pour nous. Pendant longtemps, il a été la source principale de la rézidientoura à Paris, sur l'OTAN et la politique étrangère française. Il nous a aidés à connaître les personnages importants et à identifier ceux qui seraient potentiellement ouverts à un recrutement. Ses rapports étaient de très bonne qualité. Étant donné que Heman a travaillé pendant longtemps pour notre service de renseignement, et qu'il a été très fiable, je voudrais proposer de lui payer une prime extraordinaire de 5 000 francs (égale à 5 mois de travail). Nous lui montrerons ainsi notre reconnaissance et il aura de quoi vivre si les services de renseignement français l'arrêtent. »

Le 5 novembre 1969, les officiers tchécoslovaques rendent compte à leurs « amis » soviétiques. Ils leur proposent d'avertir les services bulgares et polonais que Lentin est surveillé par la DST et, au cas fort probable où le journaliste du *Nouvel Observateur* travaillerait encore pour eux, de leur conseiller de cesser toute collaboration avec lui.

Les Soviétiques acquiescent et leur apprennent que Lentin collabore aussi… avec eux : depuis deux ans, il informe oralement le GRU, le service de renseignement militaire, sur les réunions de l'OTAN. Ils ne disent pas s'ils le paient.

En janvier 1970, la StB reprend contact avec Heman pour connaître sa situation. La rencontre a lieu à l'ambassade de Cuba à Paris. Lentin explique qu'il n'a pas eu de problèmes avec la police française et que ses finances sont à un niveau correct. L'officier traitant lui rappelle que la DST « est réputée pour sa surveillance de longue durée et qu'elle attend certainement de récupérer assez de preuves contre Heman ».

Ayant confié son agent aux Soviétiques, la StB décide de clore et d'archiver le dossier Heman en 1973. J'ignore si le GRU en fait de même, et quand.

« BENA » ET « ZAMEC »

Missions : impossibles

La défection de Kaplan en 1969 met fin à un autre projet de la StB : le recrutement d'un confrère de Heman au *Nouvel Observateur*, Gustav Stern alias Gérard Sandoz, son nom de plume.

Le contact entre l'officier traitant Miska et ce spécialiste de l'Allemagne débute en janvier 1968 au restaurant La Palette. Avant de se rendre à ce déjeuner, le Tchécoslovaque a tout le loisir de lire la biographie de Sandoz écrite par son ami Albert-Paul Lentin.

Selon ce dernier, Sandoz serait mûr pour un contact approfondi avec la StB. Il indique, en effet, que le journaliste, d'origine polonaise mais de culture allemande, « doit installer la famille de son fils » et a donc de gros besoins d'argent. Et puis, il est « fort maltraité » par les patrons de la rédaction du *Nouvel Observateur*, « surtout Jean Daniel », qui considère qu'il écrit très mal.

Alors Miska, que Sandoz pense d'abord être un simple diplomate, flatte le journaliste, ami de longue date du leader social-démocrate Willy Brandt. L'officier traitant trouve que « le débat avec lui est difficile ». Durant le repas, « il vérifie mes sources et mes connaissances » sur l'Allemagne. Mais le personnage l'intéresse. Si bien que Miska demande à ses chefs à Prague d'abonner la rézidientoura de Paris à l'hebdomadaire *Der Spiegel*, afin d'être assez au fait de l'actualité en RFA.

Tout au long de 1968, les deux hommes déjeunent ensemble à plusieurs reprises. Leurs liens se resserrent. Dans ses rapports, Miska l'affuble du nom de code « Bena ». Mais il ne le considère encore que comme un simple informateur inconscient. Un informateur « qui aime bien manger » mais « qui est parfois un peu radin, puisqu'il refuse de laisser son manteau au vestiaire parce que cela coûte trop cher ».

En décembre 1968, Miska offre à Bena une broche pour sa femme, un bel objet fabriqué à Jablonec nad Nisou, haut lieu de la bijouterie tchèque. Le mois suivant, nouveau cadeau, pour lui cette fois : un cendrier en cristal de Bohême. Sandoz comprend-il enfin à qui il a affaire ? Probablement, puisqu'il demande à changer de lieu de rencontre, baisse la voix. « Il considère nos rencontres comme semi-secrètes », écrit Miska.

En mars 1969, après avoir plusieurs fois décliné, le journaliste promet de remettre un rapport écrit et donc de laisser des traces. Jusque-là, il n'a fourni que « neuf informations orales de qualité moyenne ». Il semble donc prêt à passer à la vitesse supérieure. Mais il repousse sans cesse la remise d'un document papier. « Je le ferai après les vacances d'été », assure-t-il. Bien lui en prend. En août 1969, Kaplan fait défection. Or le transfuge sait que la StB entend passer durant l'automne à la phase recrutement de Sandoz alias Bena. C'est même lui qui a rédigé le rapport pour le ministre !

Dès qu'il apprend la fuite de Kaplan, Miska décide d'arrêter toute relation avec Sandoz. « Puisqu'il n'a rien écrit, il ne risque pas d'être arrêté, confie–t-il à ses supérieurs. Mais il pourrait être tenté de tout confesser » à la DST.

Apparemment, il ne l'a pas fait. En novembre 2023, j'ai interrogé des anciens du contre-espionnage section pays de l'Est. À ce qu'ils m'ont assuré, ils ignoraient totalement que Sandoz avait été approché de si près par la StB. Ils affirment aussi que le journaliste n'a jamais pris contact avec eux.

Au début des années 1980, la rézidientoura de la StB à Paris tente de nouveau de recruter un journaliste du *Nouvel Observateur* : son chef du service international, François Schlosser, un catholique alsacien issu d'un milieu modeste qui a été terriblement marqué par ses deux ans de service militaire en Algérie

La première rencontre se déroule le 20 janvier 1984 dans le bureau de Schlosser, rue d'Aboukir. L'officier de la StB se présente comme un simple diplomate tchécoslovaque. Le tête-à-tête est professionnel :

« Nous avons parlé de défense européenne », relate une note de la StB. Le deuxième contact se déroule deux mois plus tard, également rue d'Aboukir. Son thème est tout aussi anodin : les troupes françaises à Beyrouth.

Mais dès la troisième rencontre, le 25 mai 1984, l'officier tchécoslovaque teste Schlosser : « Je suis arrivé à l'improviste et lui ai apporté plusieurs documents qui l'ont intéressé. Il était content parce qu'il s'agissait de textes qui ne sont pas facilement disponibles[1]. Il m'a invité dans son bureau, bien que la réunion de rédaction était en train de commencer. » Ils parlent de la visite du Premier ministre chinois à Paris et de la situation dans le golfe Persique.

Le verdict de l'officier traitant est mitigé : « Zamec [le nom de code qu'il vient de lui attribuer] est attentif et très intelligent. Mais il est prudent. Il est tout de même suffisamment curieux pour garder le contact avec nous. » En quoi intéresse-t-il la StB ? « Il n'a pas accès à des renseignements secrets mais il peut obtenir des informations non publiques sensibles. » Alors on continue l'opération séduction. Elle va durer quelques semaines.

Le 8 février 1985, Schlosser accepte de déjeuner avec « 663 », nom de code du prétendu diplomate tchécoslovaque. « Il a été informé deux heures à l'avance par téléphone du lieu exact de la rencontre,

1. Des articles de la revue de géopolitique *Orbis*.

Cofondateur du célèbre *Club de la presse*, le journaliste Gérard Carreyrou, était, au début des années 1980, rédacteur en chef politique d'Europe 1. Selon la StB, il était aussi le « collaborateur de confiance » n° 48226, enregistré comme tel dans les archives du service secret tchécoslovaque. (© Pierre Verdy/AFP)

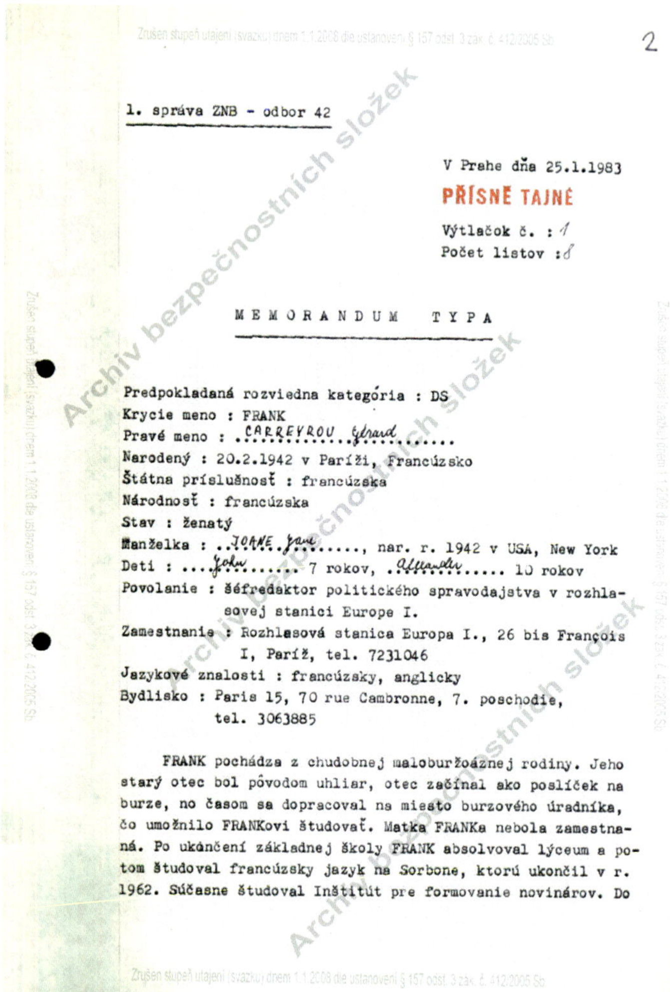

2

1. správa ZNB - odbor 42

V Prahe dňa 25.1.1983

PŘÍSNE TAJNÉ

Výtlačok č. : 1

Počet listov : 8

MEMORANDUM TYPA

Predpokladaná rozviedna kategória : DS
Krycie meno : FRANK
Pravé meno : ..CARREYROU Gérard..........
Narodený : 20.2.1942 v Paríži, Francúzsko
Štátna príslušnosť : francúzska
Národnosť : francúzska
Stav : ženatý
Manželka : ..JOANE Jane....., nar. r. 1942 v USA, New York
Deti : ...John..... 7 rokov, .Alexandre..... 10 rokov
Povolanie : šéfredaktor politického spravodajstva v rozhlasovej stanici Europe I.
Zamestnanie : Rozhlasová stanica Europa I., 26 bis François I, Paríž, tel. 7231046
Jazykové znalosti : francúzsky, anglicky
Bydlisko : Paris 15, 70 rue Cambronne, 7. poschodie, tel. 3063885

FRANK pochádza z chudobnej maloburžoáznej rodiny. Jeho starý otec bol pôvodom uhliar, otec začínal ako poslíček na burze, no časom sa dopracoval na miesto burzového úradníka, čo umožnilo FRANKovi študovať. Matka FRANKa nebola zamestnaná. Po ukončení základnej školy FRANK absolvoval lýceum a potom študoval francúzsky jazyk na Sorbone, ktorú ukončil v r. 1962. Súčasne študoval Inštitút pre formovanie novinárov. Do

Mémo « top secret » du 25 janvier 1983 concernant le recrutement de Gérard Carreyrou, alias « Frank », comme « collaborateur de confiance » de la StB sous le nouveau nom de code « Fantl ». « Frank n'a jamais clairement dit qu'il savait à qui il avait affaire, mais il est évident qu'il en est conscient », écrit son officier traitant. (Archives StB)

120

LM č.10/83- 20 Paríž 30.9.83

Rezidentúra Paríž

Záznam zo schôdzky s TS č.413 816.

1.Rezidentúra:Paríž E.Č : Odbor :LM

2.Krycie meno TS:FANTL kategoria:DS OEČ:413816

Krycie meno RO:Brejha OEČ:196 141

4.Dátum konania schôdzky:27.9.83 od 12.45-14.30.

5.Miesto schôdzky:Chez Edgard, 4 rue Marbeuf,Paríž 8,7205115

Paríž Francúzsko

6.Druh schôdzky:b.riadna

7.Mimoriadna schôdzka:0

8.Legenda styku RO s TS:viď predchádzajúce LM

9.Spôsob zabezpečnia schôdzky:

Pred schôdzkou som absolvoval kontrolnú trasu,ktorá trvala od 10.00-12.45. Na trase,ani počas schôdzky som žiadne nebezpečné okolnosti nezistil.Akcia bola na časti trasy zaisťovaná TAJom.

10.Zistené sledovanie:0

11.Zistené závadové okolnosti:0

12.Nejasnosti,podozrivé okolnosti:0

13.Chovanie DS pre ,v priebehu a po schôdzke:normálne

14.Výsledok schôdzky:DS úkoly z poslednej schôdzky:d.neboli,prete že k nemoci RO a k prázdninám a dovolenke DS schôdzka nebola uskutočnená.Trvalé úkoly k UM splnil čiastočne.

15.Uložené úkoly:b.nové a pretrvávajúce

16.Nové úkoly:zamerané k problematikec.poznatky k záujmovému objektu a k osobám z objektu:/prezidencia/e.vojenské informácie.

17.Hodnotenie schôdzky:schôdzka splnila svoj účel.

DS predal k ~~XXX~~vzťahom Francúzsko-ZSSR,k Francúzsko-ČLR,k vojen. otázkam a k pacifistickému hnutiu informácie,ktoré boli spracovan do KC .

Ďalej predal prípravné materiály zjazdu PS a vystúpenie predsedu franc.vlády pred IHEDN,ktoré boli predané s.rezidentovi k zaslani na centrálu.

18.Vydanie:387 z toho 7 Ffrs na trase./250-04+130-11+7-12/

Ďalej bol DS predaný z fondu rezidentúry dar/brúsený popolník/

19.Použitie operativ.techniky:

Pri akcii bol použitý TAJ

20.KP,ktorí riadia DS neosobne:KP MARKO a KP Komařík

21.KP,ktorí schôdzku zaisťovali:0

22.Ďalšie osoby prítomné na schôdzke:0

Compte rendu, par l'antenne de la StB à Paris, du déjeuner de l'officier traitant Brejha avec le « collaborateur de confiance » Gérard Carreyrou, alias Fantl, Chez Edgard, rue Marbeuf à Paris, le 30 septembre 1983, de 12 h 45 à 14 h 30. (Archives StB)

Photo parue dans *Le Matin de Paris* du 10 décembre 1981 et conservée dans les archives de la StB. Jean-Luc Lagardère, patron de Matra-Hachette, s'entretient avec le président de la République, François Mitterrand. Entre les deux, on distingue le journaliste Gérard Carreyrou, qu'une flèche dessinée au stylo désigne comme « Frank ». (Archives StB)

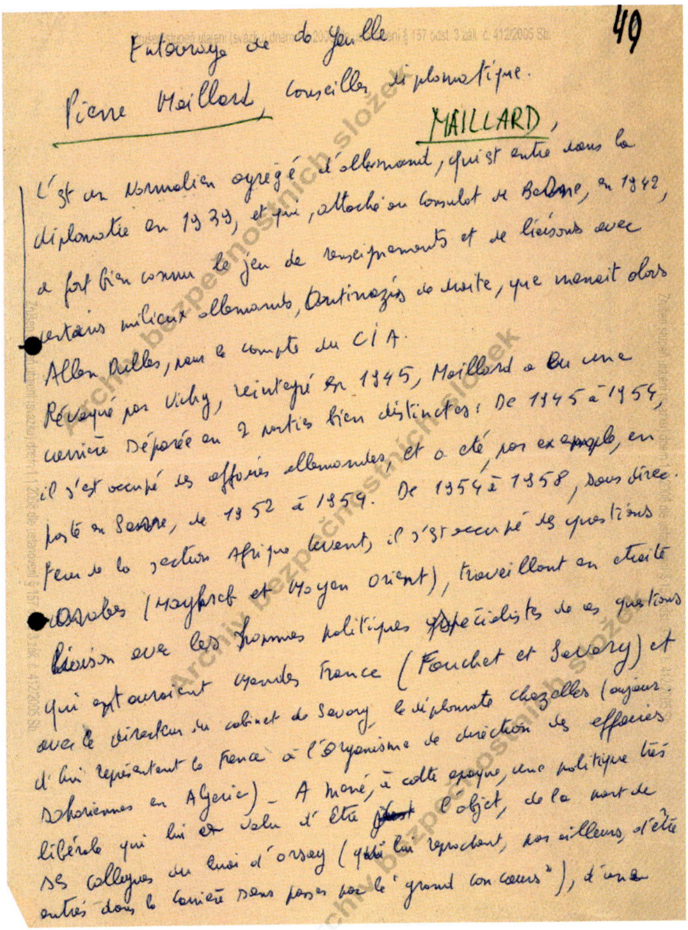
49

Entourage de de Gaulle

Pierre Maillard, conseiller diplomatique.

MAILLARD,

C'est un normalien agrégé d'allemand, qui est entré sous la diplomatie en 1939, et qui, attaché au consulat de Berne, en 1942, a fort bien connu le jeu de renseignements et de liaisons avec certains milieux allemands, antinazis de droite, que menait alors Allen Dulles, pour le compte du CIA.

Révoqué par Vichy, réintégré en 1945, Maillard a eu une carrière séparée en 2 parties bien distinctes : De 1945 à 1954, il s'est occupé des affaires allemandes, et a été, par exemple, en poste en Sarre, de 1952 à 1954. De 1954 à 1958, sous direc. de la section Afrique Levant, il s'est occupé des questions arabes (Maghreb et Moyen Orient), travaillant en étroite liaison avec les hommes politiques spécialistes de ces questions qui entouraient Mendès France (Fouchet et Savary) et avec le directeur du cabinet de Savary le diplomate Chazelles (aujourd'hui représentant la France à l'Organisme de direction des affaires sahariennes en Algérie). A mené, à cette époque, une politique très libérale qui lui a valu d'être l'objet, de la part de ses collègues du Quai d'Orsay (qui lui reprochent, par ailleurs, d'être entré dans la carrière sans passer par le "grand concours"), d'une

Extrait d'une note biographique de Pierre Maillard, conseiller diplomatique du président de Gaulle. Elle a été écrite à la main à l'intention de la StB par l'agent « Heman », le journaliste du *Nouvel Observateur* Albert-Paul Lentin, dont Maillard était « la meilleure source d'information » sur le Général. (Archives StB)

8027

28

1 čít

HSR - Správa A., 2. odbor

Dne 28. srpna 1969

M E M O R A N D U M

o poradě k případu HEMAN dne 26. srpna 1969.

Přítomni: ss. NOVÁK
KRAJÍČEK
ONDRUŠKA
MISKA

I. Odhad rizik:

V nejoptimističtějším případě lze předpokládat, že DANÍČEK z určitých důvodů - např. z obavy před hlubším výslechem ze strany franc. policie či z obavy před nedůvěrou franc. úřadů - zatají zcela či částečně svou minulost v čs. rozvědce. V tomto případě lze předpokládat, že - alespoň zatím - nejsou hlavní případy, které DANÍČEK znal - rozšifrovány. K této situaci může i přispět určité zmrazení činnosti kontrarozvědných složek v době dovolených.

Nutno je však počítat s nejpesimističtější možností, tj. s tím, že DANÍČEK prozradil vše co znal, tedy především podstatné prvky případu HEMAN s nímž se seznámil před rokem za svého pobytu v centrále.

II. Možnosti postupu kontrarozvědky:

V případě prozrazení HEMANa by bylo možno počítat s dvěma možnostmi:

1) Okamžitým zatčením HEMANa, jakmile by se dostal do dosahu franc. kontrarozvědky, příp. při vstupu na franc. území.

2) Francouzská kontrarozvědka bude sledovat HEMANa, snažit se zadokumentovat jeho zpravodajskou činnost a kontakty a bude připravovat

Mémo du 29 août 1969 concernant l'impact de la défection à l'Ouest de l'officier Danicek de la StB qui connaît l'identité de l'agent français Heman. S'il le dénonce à la DST, que fera ce dernier, le journaliste Albert-Paul Lentin ? se demande-t-on à Prague. Très expérimenté en matière d'espionnage, il ne parlera peut-être pas, mais il sera grillé. Il vaut donc mieux interrompre les relations avec lui. (Archives StB)

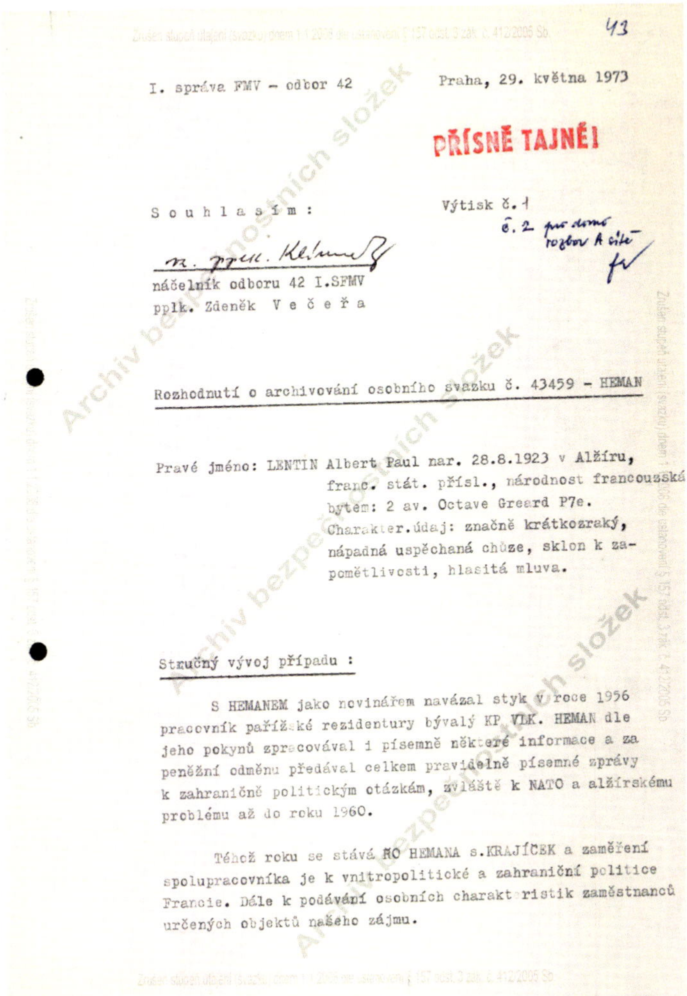

43

I. správa FMV – odbor 42

Praha, 29. května 1973

PŘÍSNĚ TAJNÉ!

S o u h l a s í m :

n. pplk. Klíma

náčelník odboru 42 I.SFMV
pplk. Zdeněk V e č e ř a

Výtisk č. 1
č. 2 pro domo rozbor A cíle

Rozhodnutí o archivování osobního svazku č. 43459 – HEMAN

Pravé jméno: LENTIN Albert Paul nar. 28.8.1923 v Alžíru,
franc. stát. přísl., národnost francouzská
bytem: 2 av. Octave Greard P7e.
Charakter.údaj: značně krátkozraký, nápadná uspěchaná chůze, sklon k zapomětlivosti, hlasitá mluva.

Stručný vývoj případu :

S HEMANEM jako novinářem navázal styk v roce 1956 pracovník pařížské rezidentury bývalý KP VLK. HEMAN dle jeho pokynů zpracovával i písemně některé informace a za peněžní odměnu předával celkem pravidelně písemné zprávy k zahraničně politickým otázkám, zvláště k NATO a alžírskému problému až do roku 1960.

Téhož roku se stává ŘO HEMANA s.KRAJÍČEK a zaměření spolupracovníka je k vnitropolitické a zahraniční politice Francie. Dále k podávání osobních charakteristik zaměstnanců určených objektů našeho zájmu.

Extrait de la décision d'archiver le dossier d'Albert-Paul Lentin, alias agent Heman, le 29 mai 1973, dont la StB redoute qu'il n'ait été repéré par le contre-espionnage français. Dans ce rapport « top secret » de quatre pages, il est indiqué notamment que le journaliste est « très myope » et qu'« il parle fort ». (Archives StB)

La guerre du Rififi : c'est la fête à P.P

FAMEUX régime : après le bœuf Missoffe, le poulet Papon : sauté, cuisiné, grillé. Inquiétudes dans le Tout-Paris : Souchon, chef du groupe de répression du trafic de stupéfiants, en sait des choses... et des noms. Schnouf et coco, pourvu qu'il ne la ramène pas. S'agit d'être gentils avec lui, non ?

ENTRE AMIS

EN VOLTIGE

ON OUIT

PAR DERRIERE

SALUT LES COPAINS

C'EST LONG

F. B. I....

... ET C.I.

Le 17 novembre 1965, le journaliste Jean Clémentin, agent Pipa pour la StB, publie un article dans *Le Canard enchaîné* à propos de l'affaire Ben Barka, le leader marocain d'opposition qui vient d'être enlevé en plein Paris. L'article a été écrit en suivant les directives du service secret tchécoslovaque (ici au-dessus de l'article). (Archives StB)

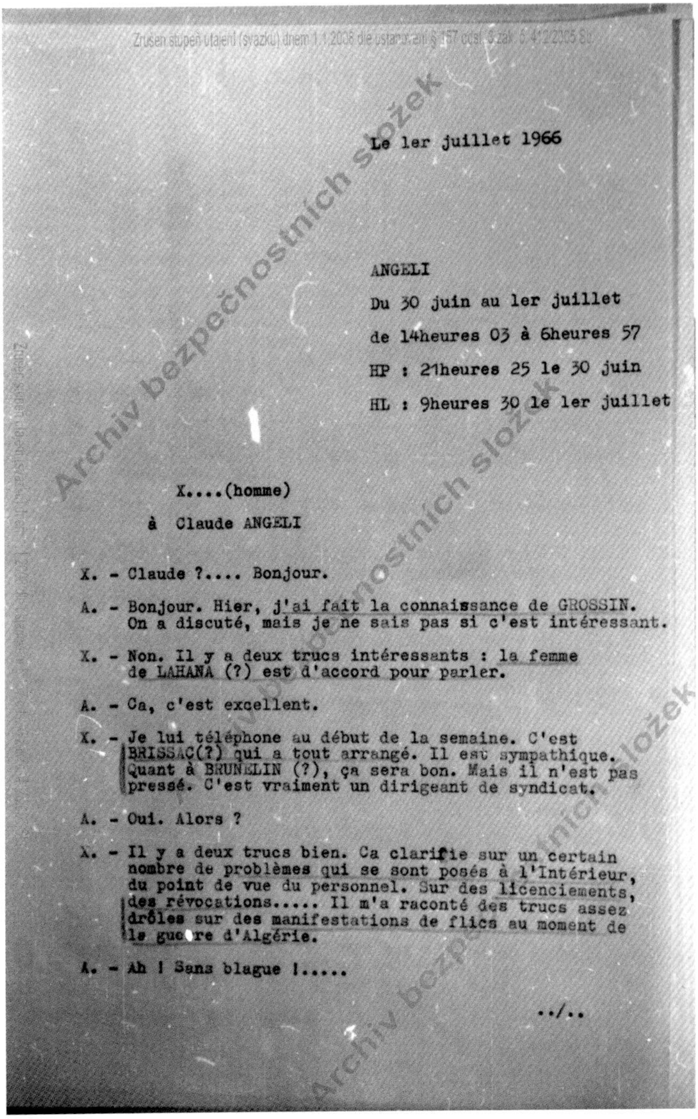

Le ler juillet 1966

ANGELI

Du 30 juin au ler juillet

de 14heures 03 à 6heures 57

HP : 21heures 25 le 30 juin

HL : 9heures 30 le ler juillet

X....(homme)

à Claude ANGELI

X. - Claude ?.... Bonjour.

A. - Bonjour. Hier, j'ai fait la connaissance de GROSSIN. On a discuté, mais je ne sais pas si c'est intéressant.

X. - Non. Il y a deux trucs intéressants : la femme de LAHANA (?) est d'accord pour parler.

A. - Ca, c'est excellent.

X. - Je lui téléphone au début de la semaine. C'est BRISSAC(?) qui a tout arrangé. Il est sympathique. Quant à BRUNELIN (?), ça sera bon. Mais il n'est pas pressé. C'est vraiment un dirigeant de syndicat.

A. - Oui. Alors ?

X. - Il y a deux trucs bien. Ca clarifie sur un certain nombre de problèmes qui se sont posés à l'Intérieur, du point de vue du personnel. Sur des licenciements, des révocations..... Il m'a raconté des trucs assez drôles sur des manifestations de flics au moment de la guerre d'Algérie.

A. - Ah ! Sans blague !.....

../..

Extrait d'une transcription d'écoute téléphonique réalisée, le 1er juillet 1966, par les Renseignements généraux au domicile du journaliste Claude Angeli, alors journaliste au *Nouvel Observateur*. Le document a été transmis, avec des milliers d'autres, à la StB par l'agent Samo, Gérard Leconte, alors membre du cabinet du préfet de police de Paris, Maurice Papon. (Archives StB)

Faux passeport suisse de Gérard Leconte, alias agent Samo, établi en 1972 quand le membre du cabinet du préfet de Paris a été arrêté par la DST puis libéré faute de preuves. Il ne l'a jamais utilisé. (Archives StB)

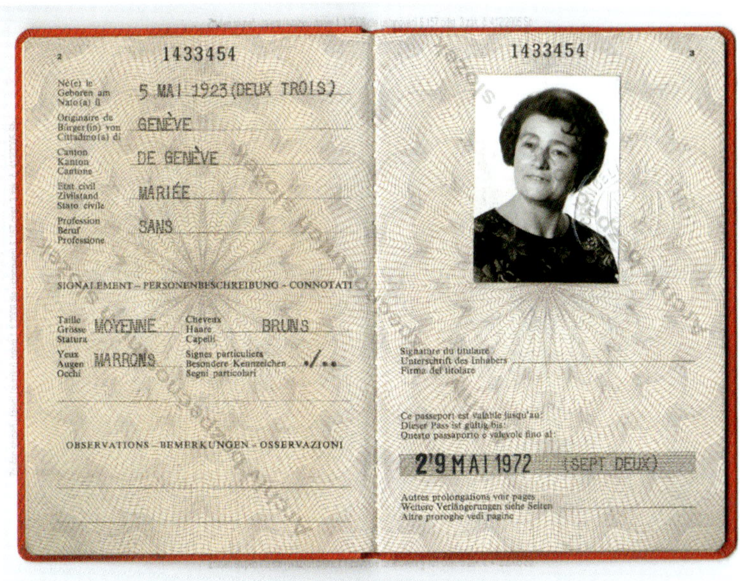

Faux passeport suisse de Mme Leconte alias Pozorna, qui a servi pendant dix ans d'intermédiaire entre la StB et son mari. C'est elle qui a transmis les centaines de films des documents que Gérard Leconte photographiait chez lui. Elle aussi qui récoltait l'argent en retour. (Archives StB)

Claude Estier (à gauche) avec François Mitterrand et Lionel Jospin au marché de la rue Lepic à Paris, en 1977. Estier a été recruté, en 1955, par la StB sous le nom de code « Robert » mais il a toujours refusé d'être rémunéré. En 1959, le KGB ordonne aux Tchécoslovaques de le lui laisser. Le service soviétique le « rendra » à la StB quelques années plus tard. (© AFP)

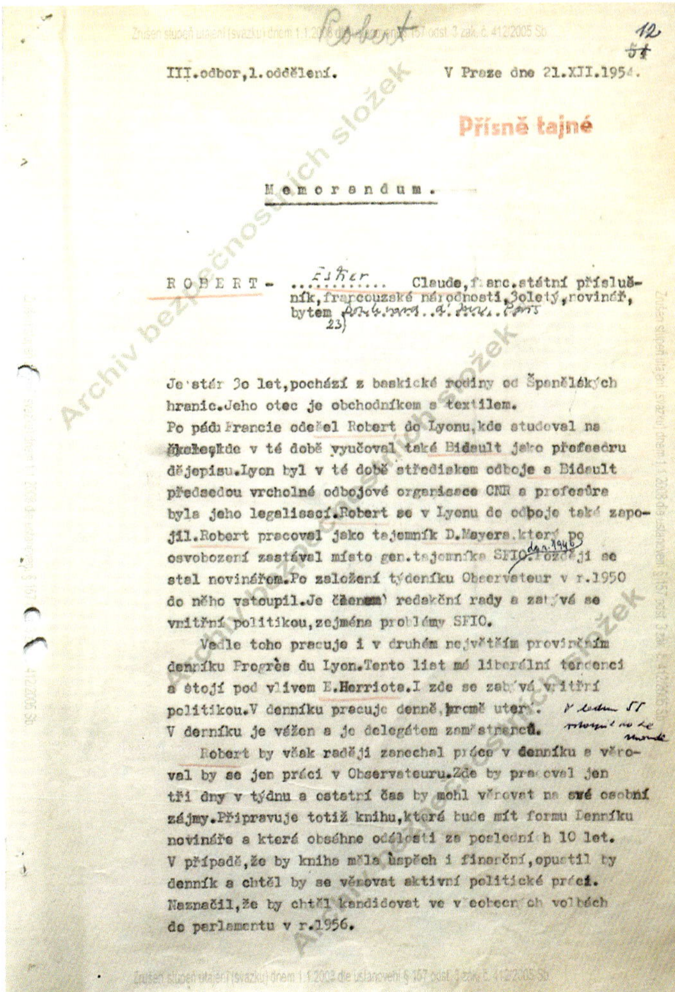
III.odbor,1.oddělení. V Praze dne 21.XII.1954.

Přísně tajné

Memorandum.

ROBERT - ...Estier... Claude,franc.státní příslušník,francouzské národnosti,30letý,novinář, bytem

Je stár 30 let,pochází z baskické rodiny od Španělských hranic.Jeho otec je obchodníkem s textilem.
Po pádu Francie odešel Robert do Lyonu,kde studoval na Škole,kde v té době vyučoval také Bidault jako profesoru dějepisu.Lyon byl v té době střediskem odboje a Bidault předsedou vrcholné odbojové organisace CNR a profesůre byla jeho legalisací.Robert se v Lyonu do odboje také zapojil.Robert pracoval jako tajemník D.Mayera,který po osvobození zastával místo gen.tajemníka SFIO.Později se stal novinářem.Po založení týdeníku Observateur v r.1950 do něho vstoupil.Je členem redakční rady a zabývá se vnitřní politikou,zejména problémy SFIO.

Vedle toho pracuje i v druhém největším provinčním denníku Progrès du Lyon.Tento list má liberální tendenci a stojí pod vlivem E.Herriota.I zde se zabývá vnitřní politikou.V denníku pracuje denně,kromě uterý.
V denníku je vážen a je delegátem zaměstnanců.

Robert by však raději zanechal práce v denníku a věnoval by se jen práci v Observateuru.Zde by pracoval jen tři dny v týdnu a ostatní čas by mohl věnovat na své osobní zájmy.Připravuje totiž knihu,která bude mít formu Denníku novináře a která obsáhne události za posledních 10 let.
V případě,že by kniha měla úspěch i finanční,opustil by denník a chtěl by se věnovat aktivní politické práci.
Naznačil,že by chtěl kandidovat ve všeobecných volbách do parlamentu v r.1956.

Mémo top secret de la StB en date du 21 décembre 1954 concernant le recrutement de Claude Ezratti, connu sous le nom de plume de Claude Estier et dont l'alias pour le service tchécoslovaque est Robert. « Il a trente ans, il est issu d'une famille basque et son père travaille dans le commerce du textile. Il aimerait faire de la politique à temps plein. » (Archives StB)

L'« illégal » Lubomir Chladil, alias Tomansky, devant la tour Eiffel à la fin des années 1970. Arrivé à Paris en 1970 comme réfugié politique, l'agent de la StB a été naturalisé français en 1976. Tout en menant une carrière à la Société Générale, il espionnait les groupes de dissidents exilés à Paris et menait des opérations d'espionnage économique. Il n'a jamais été repéré par la DST. (Archives StB)

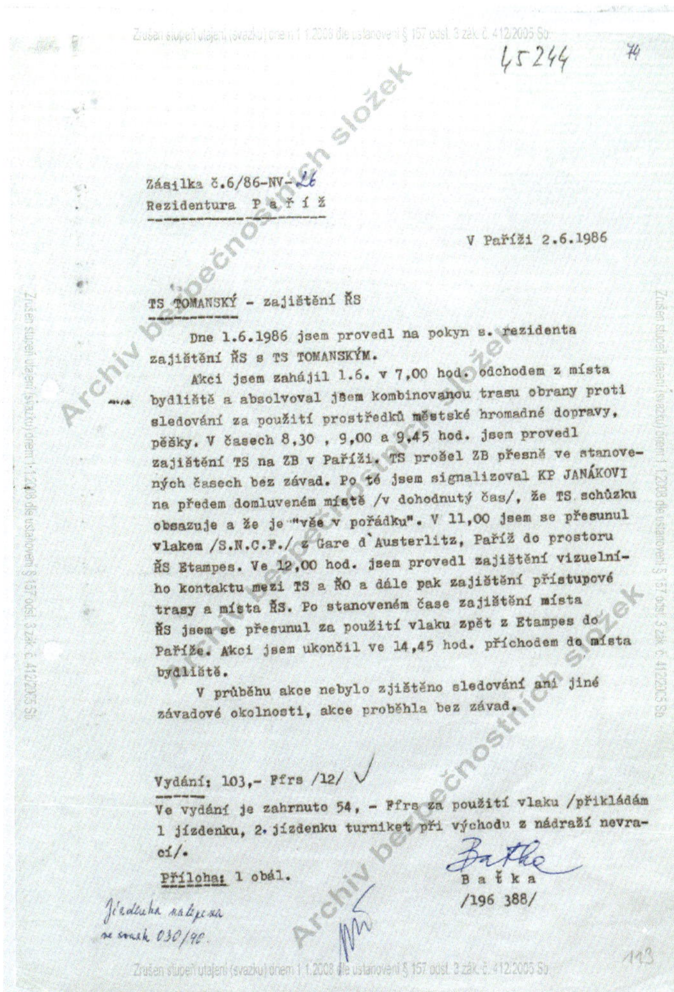

45244 74

Zásilka č.6/86-NV-26
Rezidentura P a ř í ž

V Paříži 2.6.1986

TS TOMANSKÝ - zajištění ŘS

Dne 1.6.1986 jsem provedl na pokyn s. rezidenta zajištění ŘS s TS TOMANSKÝM.

Akci jsem zahájil 1.6. v 7,00 hod. odchodem z místa bydliště a absolvoval jsem kombinovanou trasu obrany proti sledování za použití prostředků městské hromadné dopravy, pěšky. V časech 8,30 , 9,00 a 9,45 hod. jsem provedl zajištění TS na ZB v Paříži. TS prošel ZB přesně ve stanovených časech bez závad. Po té jsem signalizoval KP JANÁKOVI na předem domluveném místě /v dohodnutý čas/, že TS schůzku obsazuje a že je "vše v pořádku". V 11,00 jsem se přesunul vlakem /S.N.C.F./ z Gare d'Austerlitz, Paříž do prostoru ŘS Etampes. Ve 12,00 hod. jsem provedl zajištění vizuelního kontaktu mezi TS a ŘO a dále pak zajištění přístupové trasy a místa ŘS. Po stanoveném čase zajištění místa ŘS jsem se přesunul za použití vlaku zpět z Etampes do Paříže. Akci jsem ukončil ve 14,45 hod. příchodem do místa bydliště.

V průběhu akce nebylo zjištěno sledování ani jiné závadové okolnosti, akce proběhla bez závad.

Vydání: 103,- Ffrs /12/

Ve vydání je zahrnuto 54, - Ffrs za použití vlaku /přikládám 1 jízdenku, 2. jízdenku turniket při východu z nádraží nevrací/.

Příloha: 1 obál.

Batka
B a ť k a
/196 388/

Jízdenka nalepena ve svazk 030/90

113

Rapport du 2 juin 1986 de l'officier de la StB Batka, chargé de sécuriser la rencontre entre l'« illégal » Tomansky et son officier traitant Janak à Étampes, dans la banlieue parisienne. Le matin, Batka a suivi, dans Paris, « un parcours combiné en transports en commun et à pied pour échapper aux éventuelles filatures », puis « il a pris un train à la gare d'Austerlitz » pour Étampes. (Archives StB)

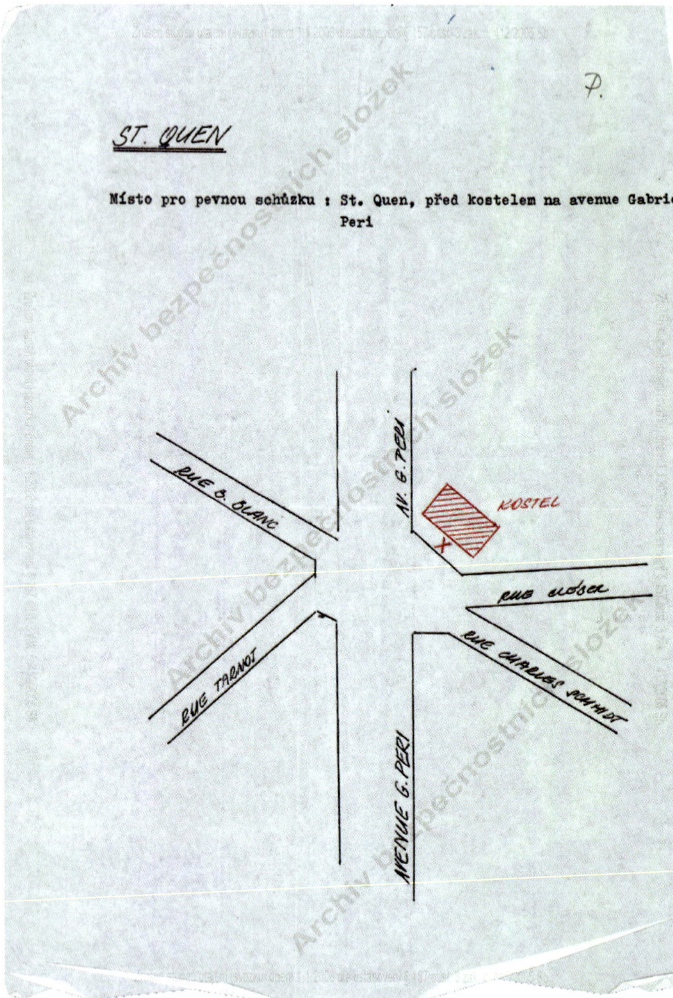

Datant des années 1980, plan de rencontre, à Saint-Ouen, banlieue de Paris, entre l'« illégal » devenu français Guillaume Béard, alias Portos, et son officier traitant. Les deux hommes doivent se retrouver devant l'église (*kostel* en tchèque) située sur l'avenue Gabriel-Péri. (Archives StB)

le restaurant indien Vishnou[1]. » Son arrivée à moto est surveillée par un officier de la StB qui vérifie que tout est normal. Bien arrosé, le repas se passe bien. Le journaliste, qui boit plusieurs verres, se confie un peu. « En janvier, il a eu plusieurs dépenses extraordinaires pour sa maison de campagne parce que ses canalisations ont été endommagées par le gel. » Va-t-il craquer ? 663 lui offre un vase en cristal de Bohême, qu'il accepte. Dans la foulée, probablement séduit par l'atmosphère chaleureuse du déjeuner, il dit oui aussi à des rencontres régulières toutes les six semaines.

Elles n'auront pas lieu. Dégrisé, François Schlosser se reprend ; il refuse de revoir le « diplomate » tchécoslovaque en tête à tête dans un restaurant. Il exige que leur rencontre ait lieu de nouveau à son bureau, de façon visible et officielle. Bref, il a compris à qui il a vraiment affaire et ne veut pas s'engager davantage avec le service secret tchécoslovaque. La StB renonce.

---

1. Situé rue Daunou, à quelques encablures du siège du *Nouvel Observateur*.

« PIPA »

Bons baisers du *Canard enchaîné*

Pendant la période gaulliste et pompidolienne, outre Herman, la StB avait un autre agent très important dans la presse française, espion dont j'ai révélé l'existence dans un numéro de *L'Obs* en février 2022.

Pour les lecteurs du *Canard enchaîné*, il s'appelait « Jean Manan », un nom de plume renommé dans les années 1960, 1970 et 1980. Ses collègues de l'hebdomadaire satirique, eux, le surnommaient « Tintin ». Tandis qu'à la StB, on l'appelait « Pipa », son nom de code. De 1957 à 1969, Jean Clémentin, qui sera rédacteur en chef du *Canard enchaîné* dans les années 1970 où, de l'avis général, il diffusera la culture de l'investigation pour laquelle le journal est aujourd'hui si réputé et si craint, a donc été un espion stipendié au service de Prague et par conséquent de Moscou.

Au total, Pipa, qui était à la fois agent d'influence et de renseignement, a fait honneur à son nom de code qui veut dire « robinet » en tchèque. D'après le décompte de la StB, le journaliste a, en douze ans, remis pas moins de 300 notes, au cours de 270 rencontres en France et à l'étranger. Il a également participé activement – et consciemment – à trois opérations de désinformation, en publiant dans *Le Canard enchaîné* des articles conçus par la StB. Il a même été envoyé à Londres et à Bonn par le service secret dans le but de récolter des renseignements. Le tout pour une confortable somme d'argent qui lui a permis notamment d'acheter une maison à Meudon, banlieue bourgeoise de la capitale.

Sa collaboration commence en 1957, quand, dans une note signée de sa main, le tout-puissant ministre de l'Intérieur tchécoslovaque, Rudolf Barák, autorise le recrutement de Jean Raoul Clémentin, alias Jean Manan, comme agent du service secret. Le journaliste a 34 ans et vient d'être embauché au *Canard enchaîné*. Anticolonialiste comme l'ensemble de la rédaction de l'hebdomadaire, il tient une chronique, « Les Carnets de route de l'ami Bidasse », où il décrit le quotidien difficile des appelés du contingent en Algérie.

Ses origines ne le prédisposent pas à travailler pour des communistes, au contraire. Dans sa missive au ministre de l'Intérieur, l'officier de la StB « Vlk » (« le loup ») résume la vie et les motivations du futur agent Pipa. Jean Clémentin, écrit-il, est né en 1924 dans le Calvados dans une famille catholique. Il a fait sa scolarité chez les jésuites, puis a commencé une fac d'histoire à Paris mais « n'a pas terminé ses études ». Son père est un officier à la retraite « qui a participé à la guerre contre les Soviétiques, aux côtés des Polonais "blancs" ». Son fils refuse de le voir « pour des raisons politiques ». Cependant Clémentin confie que, dans sa jeunesse et du fait de « son éducation religieuse », il a lui-même eu « des opinions quasi fascistes ».

C'est en Indochine qu'il se découvre une âme de progressiste. Il y part en 1950 comme reporter à l'agence de presse de l'état-major, dirigée par son oncle. Il y reste trois ans de plus comme correspondant de l'agence de presse américaine Associated Press. Il en revient dégoûté par les méthodes de l'armée et des colons français. Désormais, Clémentin soutient le combat du Việt Minh et se retrouve journaliste à *Libération*, un quotidien compagnon de route du Parti communiste français. C'est là qu'en 1954 il rencontre pour la première fois le camarade Krajicek, de l'ambassade tchécoslovaque en France, qui n'est autre que son futur officier traitant « Vlk ».

Les deux hommes sympathisent. Clémentin accepte de collaborer avec lui en tant que « contact confidentiel ». Il lui fournit des « informations fiables » sur le contingent français en Indochine et même, précise Vlk, sur les relations entre la France et l'Allemagne. Mais, pendant trois ans, au cours desquels ils se rencontrent trois fois par mois, Clémentin refuse d'être rémunéré, il accepte seulement « quelques cadeaux ». En 1957, il change d'avis.

À l'époque, Staline est mort depuis quatre ans et Nikita Khrouchtchev, le nouveau numéro un soviétique, a promis de « déstaliniser » l'URSS. Mais en Europe centrale, la dictature communiste est toujours aussi féroce. À Prague, des dizaines de milliers d'opposants croupissent en prison. Et surtout, à Budapest, les chars soviétiques viennent, en novembre 1956, d'écraser une insurrection populaire, en massacrant plus de deux mille personnes.

À la différence de beaucoup d'intellectuels, l'affaire hongroise ne détourne pas le jeune journaliste de la sphère communiste. À Vlk, Clémentin confie qu'il est toujours « admiratif des démocraties populaires », surtout pour « leurs avantages sociaux ». Il affirme même être favorable à l'avènement d'un tel régime en France, tout en considérant que cela n'arrivera pas « sans les troupes soviétiques ».

Mais ce n'est pas uniquement par idéologie qu'il accepte, en cette année 1957, de devenir un agent stipendié de la StB. Il y a aussi l'appât du gain, « il aime l'argent », écrira plus tard Vlk. Il faut dire que « sa situation financière n'est pas bonne. Il ne peut pas acheter un appartement » et « circule dans Paris en scooter ». Et puis, cet homme déjà marié à deux reprises « aime les femmes et ne s'en cache pas », écrit l'officier de la StB. Une passion qui coûte cher.

D'autant plus cher que le journaliste a « fièrement » révélé à son ami Vlk avoir « cinq maîtresses ». C'est d'ailleurs l'une des raisons pour lesquelles il ne veut pas adhérer au PC, « trop rigide », selon lui, sur le plan des mœurs. Il lui faudrait renoncer à ses aventures. Et « se lever tôt le dimanche matin pour aller distribuer *L'Humanité* ». « Probablement les restes de son éducation bourgeoise », note le zélé camarade Vlk.

Alors tant pis si la StB n'est pas une assemblée d'enfants de chœur mais un groupement criminel. Le 14 mai 1957, alors que Pipa s'apprête à le rejoindre, le service secret organise un attentat en France. Ses sbires envoient de Paris un colis piégé à la préfecture du Bas-Rhin. Ils espèrent atteindre deux ministres français présents ce jour-là à Strasbourg. Ils ont glissé des tracts néonazis dans le paquet afin de faire croire à une résurgence de l'extrême droite en Alsace. Mais c'est l'épouse du préfet, Henriette Trémeaud, qui ouvrira le colis trois jours plus tard. Elle mourra des suites de ses blessures.

Clémentin intéresse la StB pour « ses relations » dans différents ministères, notamment aux Armées, au Quai d'Orsay et à l'Outre-Mer. Et puis « il a interviewé Nehru », le Premier ministre indien. Il connaît « personnellement Bao Daï », ex-empereur du Vietnam, « le premier secrétaire de l'ambassade américaine à Paris » et des membres du SDECE, le service secret français. Enfin, cerise sur le strudel, « il connaît très bien », grâce à son père, le fils de l'ancien président du

Conseil, Laniel. Il pourra donc fournir à ses officiers traitants beaucoup d'« informations secrètes », promet Vlk à son ministre.

Au début, l'agent Pipa donne entière satisfaction. À tel point que, si l'on en croit un autre rapport de Vlk, la StB lui donne « les 15 000 francs nécessaires à l'achat de sa maison » en 1960 à Meudon, soit, d'après l'INSEE, 25 000 euros d'aujourd'hui. Au total, dans les cinq premières années de sa collaboration active, ses officiers traitants, Vlk puis Motl, lui confieront de la main à la main 23 600 francs, soit environ 40 000 euros d'aujourd'hui. Si bien qu'en 1962 Pipa ne roule plus en scooter mais est l'heureux propriétaire d'une 2 CV.

Mais, parfois, l'agent Pipa pose problème. Il remet à la StB un « faux rapport » sur le SDECE, le service d'espionnage français. Il annule plusieurs rendez-vous « de peur que sa collaboration ne soit découverte ». Bref, il n'est pas toujours fiable. « Et puis son contact avec nous a été remarqué par les services français », assure Motl, qui le soupçonne même « de s'être lui-même dénoncé ». Pourtant, après enquête, la StB décide, fin 1962, de poursuivre la collaboration. Elle ne va pas le regretter.

« Nous ne lui avons pas confié des tâches compliquées », écrit Motl dans le bilan d'activité 1963-1965 de l'agent Pipa. Le journaliste, qui est devenu chef du service politique du *Canard*, a moins de temps mais plus de contacts. « Son travail sur les organisations internationales, notamment sur l'OTAN, a été très faible, à cause de son activité au journal où il a été obligé de se focaliser sur la politique intérieure », se plaint Motl. En revanche, ajoute-t-il, « sur les sujets militaires et notamment sur le SDECE, il a été bien meilleur : il a transmis plusieurs documents utiles et intéressants ».

Et surtout il a participé à trois « mesures actives », comme on dit dans le jargon des services secrets, c'est-à-dire des opérations de désinformation. La première, en 1963, a pour nom de code « Narcis ». Son but : « accroître les divisions » au sein de la CDU, le parti conservateur au pouvoir en Allemagne de l'Ouest. La cible : l'ex-chancelier Konrad Adenauer, poussé à la démission par son propre camp après sa signature, en janvier 1963, du traité de l'Élysée avec de Gaulle, qu'une partie importante de la CDU juge trop favorable aux intérêts de Paris et pas assez pro-américain. Le moyen de diviser davantage encore le pouvoir conservateur à Bonn : publier « un testament politique d'Adenauer qui serait clairement pro-français » – un faux écrit par une équipe de la StB.

Le messager choisi pour l'opération « Narcis » est Jean Clémentin. « La mesure active commencera par la publication d'un article adéquat en France, décrète la direction de la StB. Nous pensons que Pipa pourrait l'écrire dans *Le Canard enchaîné.* » Pour le rendre crédible, « il serait nécessaire que Pipa fasse un voyage en Allemagne » où une source lui aurait remis le document.

Le 9 août 1963, le journaliste accepte la combine. Il ira « deux ou trois jours » à Bonn. Il propose même à Motl de confier l'existence de ce « testament » à un journaliste allemand qu'il connaît bien, un certain Franken. Celui-ci édite une feuille confidentielle, *Bonner Briefe*, « dont les informations sont souvent reprises » par la grande presse. Il pourrait lui proposer de publier leurs articles en même temps. Ainsi, la campagne de désinformation commencerait simultanément des deux côtés du Rhin.

Le 19 septembre, au café Le Pasteur, Motl remet à Pipa le faux testament et les directives de Prague. Quelques jours plus tard, Clémentin file à Bonn où il se met d'accord avec Franken. À son retour, il soumet un premier jet de son article à Motl pour accord de Prague.

Il paraît le 2 octobre 1963 en bonne place sous le titre « Le testament de mon Conrad », signé de « notre envoyé spécial à Bonn, Jean Manan ». « Les proches de Conrad Adenauer, écrit Clémentin alias Manan alias Pipa, font circuler parmi leurs amis un long mémorandum, sorte de testament politique écrit à la troisième personne où les connaisseurs retrouvent la patte du vieux monsieur, et qui constitue la charte de l'opposition adenauerienne (et gaulliste) au cher Erhard [le nouveau chancelier, membre, lui aussi, de la CDU]. » Puis il cite longuement plusieurs passages de ce document, écrit en réalité par des spécialistes de la StB.

À Bonn, Franken publie, de bonne foi semble-t-il, les mêmes infos. À Prague, on s'attend à un retentissement énorme de l'affaire. On est sûr que, pour se justifier, *Le Canard* sera contraint de publier le faux testament dans son numéro suivant, phase 2 de l'opération « Narcis ». Mais l'article du *Canard* fait pschitt. Personne ne le reprend. Clémentin a tenté d'intéresser son confrère Jacques Nobécourt du *Monde*, grand spécialiste de l'Allemagne. En vain. La StB ne lui tient pas rigueur de cet « échec ». Outre les 2 000 deutsche marks prévus, elle lui accorde une prime de 2 000 deutsche marks supplémentaires.

Quelques mois plus tard, en juin 1964, Pipa est de nouveau sollicité pour une « mesure active », nom de code « Nota ». Le but, cette fois, est d'accroître les tensions franco-américaines, déjà mises à mal par le refus de De Gaulle d'accepter le Royaume-Uni dans la CEE et sa reconnaissance officielle de la Chine communiste. Il s'agit de révéler les menées anti-françaises des Américains en Éthiopie, dont la StB a appris l'existence par ses agents à Addis-Abeba.

Pour résumer à gros traits, le Premier ministre éthiopien, dont la femme est française, aurait accepté, lors d'un voyage privé à Paris, de signer plusieurs contrats avec des entreprises françaises. Afin de faire échouer l'accord et bouter les Français hors de la Corne de l'Afrique, les Américains miseraient sur l'empereur, qui est issu d'une tribu différente de celle du chef du gouvernement.

« Si on lui demande quelles sont ses sources, écrit Motl, Pipa répondra qu'il a été averti par des lettres anonymes. » L'article est publié le 8 juillet 1964 sous le titre « Dans le trou du chef ». La StB est ravie, même si « Pipa a un peu changé l'ordre des informations ». Si bien que le 12 août, au café Le Celtique, Motl gratifie le journaliste d'une prime de 500 francs. Pourtant, ce jour-là, l'officier traitant est un peu déçu du manque de résultats de l'agent Clémentin dans son travail d'espion : « Il ne nous a pas donné de nouvelles informations politiques », écrit Motl dans son compte rendu de la rencontre.

Pipa va se rattraper. Le 4 septembre, au café L'Armoire, il livre des renseignements sur « la santé de De Gaulle », obtenus, assure-t-il, grâce à l'un de ses amis avocat, « fils du médecin qui aurait opéré le Général de la prostate ». À la fin de la rencontre, l'officier traitant lui glisse 1 000 francs.

Leurs relations sont au beau fixe. Le 10 avril 1965, après avoir sécurisé les lieux, Motl retrouve Pipa dans un restaurant à Meudon, près du domicile du journaliste. Il le félicite « pour son travail de qualité ». Le journaliste évoque une intervention chirurgicale délicate pour sa femme. L'officier traitant lui propose de la réaliser à Prague, « ce sera gratuit ». En fait, confesse finalement le journaliste, l'opération a déjà eu lieu en Suisse. Mais si la situation se reproduit, il promet d'en parler à ses amis tchécoslovaques.

Puis Clémentin présente ses excuses à son traitant.

Il n'a pas encore obtenu « les informations demandées sur le désarmement au Vietnam ». En revanche, il en a récolté d'autres, mais il ne se souvient plus des détails. Pour qu'il puisse lui lire ses notes, Clémentin propose à Motl de se rendre chez lui, à côté, dans la maison payée en partie par l'argent de la StB. Contrairement aux règles du service secret, l'officier traitant accepte.

« Pipa était de très bonne humeur, rapporte Motl dans le compte rendu de cette rencontre à domicile, il m'a fait visiter la maison de la cave au grenier et m'a présenté des plans d'aménagement. » L'officier de la StB discute ensuite avec l'épouse de Jean Clémentin, qui le remercie pour sa proposition concernant l'intervention chirurgicale. Puis le chef du service politique du *Canard* montre à Motl la pile des dossiers qu'il a constitués sur beaucoup de personnalités. Il lui en confie quelques-uns, les plus importants. « Il s'agit de documents compromettants concernant plusieurs députés UNR [le parti gaulliste à l'époque] et sur le ministre Jacquet [chargé des Transports] », que Motl juge « très intéressants ». Il y en aura d'autres : Pipa assure qu'il cache ses dossiers les plus précieux « à la campagne, dans la maison de l'un de ses amis ».

En partant, l'officier traitant glisse 1 000 francs au journaliste pour préparer une mission à Londres, où, précise Motl, il sera « accompagné de sa maîtresse ». La StB veut qu'il assiste à une grande réunion de l'OTASE (sorte d'OTAN asiatique) qui se tient dans la capitale britannique début mai 1965, et à laquelle évidemment aucun diplomate de l'Est n'est convié.

Motl lui donne une liste de questions précises. Sa maîtresse pourra l'aider à y répondre, explique l'officier de la StB dans son rapport, « parce qu'elle connaît plusieurs personnes dans les délégations asiatiques ». Clémentin, lui, explique que depuis l'Indochine il est très ami avec l'ambassadeur de France en Thaïlande et avec le conseiller politique de la Chancellerie à Londres. À son retour, il remettra un rapport détaillé en français.

En cette année 1965, Pipa ne chôme pas. Le 29 octobre, vers midi, Mehdi Ben Barka, le charismatique opposant marocain, est enlevé en plein Paris. On ne le retrouvera jamais. L'affaire Ben Barka commence, qui assurera « la fortune du *Canard* » dans les années 1960, affirme l'historien Laurent Martin dans son histoire de l'hebdomadaire. Prague décide de tirer parti de cet enlèvement très vite attribué au directeur de la sûreté du royaume, Ahmed Dlimi. Dès le 12 novembre, la direction de la StB donne le feu vert à l'opération « Start ».

Selon l'historien Jan Koura, qui a publié, en novembre 2020, un article à ce sujet dans la revue *Intelligence and National Security*, le but principal de « Start » est de montrer que « les services secrets américains sont impliqués dans l'enlèvement ». La

StB envoie des directives dans ce sens à onze de ses rézidientouras dans le monde. Notamment à Paris, où elle compte sur son agent Pipa.

Motl donne à Clémentin les éléments que ses chefs souhaitent voir publier dans *Le Canard* et, dès le 17 novembre, Pipa sort dans l'hebdomadaire un article intitulé « La guerre du Rififi : c'est la fête à la PP ». Il n'est pas signé, mais c'est Clémentin qui l'a écrit. Il y inclut certaines informations fournies par la StB, dont plusieurs se révéleront, semble-t-il, exactes. La police et les services spéciaux du Maroc sont, affirme Pipa, « entre les mains de la CIA ». D'ailleurs, ajoute-t-il, « Dlimi sort de l'école de la CIA à Washington. Il a pour conseiller privé un certain Eleger, qui a pris un nom arabe au Maroc, ancien officier de l'Abwehr (espionnage militaire allemand) [...] qu'on retrouve à Rabat comme officier... américain ». Motl est ravi, qui donne 600 francs au journaliste lors de leur rencontre suivante.

Sur ordre, Clémentin publie le 16 décembre un nouvel article, concernant, cette fois, la possible implication de hauts responsables français dans l'enlèvement de Ben Barka. Motl le félicite d'y avoir inclus « tous les éléments demandés » et lui glisse une nouvelle prime. Ce sera la dernière « mesure active » à laquelle Clémentin participera.

Les années suivantes, il continue de livrer à la StB, contre rétribution, des informations plus ou moins fiables et confidentielles sur de Gaulle, sa politique étrangère, sur le personnel politique français ou les médias. Ainsi, il assure à Miska, son dernier traitant, que *Combat*, le grand journal où écrivait Camus à la fin de la guerre, est désormais financé par la CIA et qu'une partie de ses articles est écrite par des personnels de l'ambassade américaine à Paris, mais il ajoute qu'il n'en est pas sûr ; il affirme aussi que de Gaulle cherche à tout prix à se « réconcilier avec les Juifs », et qu'en revanche le rapprochement du Général avec Pékin est en train de tourner court. Malgré la fragilité de ses dires, la StB continue à lui faire confiance et à le rémunérer. Et Miska le gratifie de plusieurs caisses de bière tchèque Pilsen, dont Clémentin est un grand amateur.

L'écrasement du Printemps de Prague va précipiter la fin de la collaboration. Dès le 12 septembre 1968, trois semaines après l'entrée des chars soviétiques en Tchécoslovaquie, Miska est autorisé à rencontrer Pipa. Ce dernier lui dit qu'il désapprouve l'invasion, mais mollement. Son rédacteur en chef au *Canard*, en revanche, serait prêt à se battre aux côtés des Tchécoslovaques, mais pas lui. Et pour cause : il accepte de continuer de collaborer avec la StB, bien que celle-ci soit l'organe principal de la très brutale reprise en main du pays par les communistes conservateurs.

D'ailleurs, il confie à Miska un document confidentiel américain qu'il a obtenu, assure-t-il, par la maîtresse d'un haut diplomate. Il s'agit d'un texte rédigé par la faction du PC tchécoslovaque hostile à la position actuelle du pouvoir à Prague, réquisitoire dont Radio Free Europe se serait beaucoup servi pour ses émissions en direction de la Tchécoslovaquie. Selon le traitant, le document, écrit semble-t-il sur une « machine à écrire étrangère », est considéré comme « dangereux » par les autorités du pays qui pourront peut-être en débusquer l'auteur. Il remercie Clémentin chaleureusement.

Les deux hommes se revoient au café Le Dinard le 22 novembre 1968. Pipa est ravi. « La dévaluation du franc le met en joie », rapporte Miska, puisque le journaliste a pris soin « de placer des avoirs en Suisse ». Quelques jours plus tard, nouvelle rencontre à Versailles. Le traitant évoque la défection à l'Ouest d'un haut responsable de la StB, Ladislav Bittman, nom de code Brychta. Par mesure de précaution, Miska décide de suspendre la relation jusqu'à nouvel ordre. « Pipa n'est pas content », écrit-il. Pour le consoler, il lui donne 1 000 francs.

Ils ne se reverront que neuf mois plus tard, le 15 août 1969, au Dinard. Avant de se séparer définitivement, Clémentin annonce qu'il s'apprête à publier un livre politique chez un éditeur suisse. Cinq mois plus tard, le 19 février 1970, la direction de la StB note que l'ouvrage, *L'Affaire Tomasi*, vient de paraître à Lausanne et demande à se le faire acheminer par train. Elle consigne aussi que Pipa « conserve une fonction importante au *Canard enchaîné*, puisqu'il a été nommé directeur des informations ». Et l'année suivante, le dossier de Pipa, n° 41582, est clôturé.

Mais l'histoire n'est pas terminée. Au début des années 1970, Clémentin transforme l'hebdomadaire poil à gratter en « une puissance redoutée du pouvoir en place », comme l'écrit l'historien Laurent Martin. Il renouvelle l'équipe rédactionnelle, embauche de nombreux enquêteurs de talent, tel Claude Angeli, qui lui-même dirigera la rédaction du *Canard* pendant trente ans. « Dans les années 1970, écrira ce dernier bien plus tard, grâce à Jean Clémentin, un rédacteur en chef qui sait mêler humour, polémique et révélations dans ses articles, la pratique du journalisme d'enquête se développe [au *Canard*], ce qui déplaît autant à Raymond Marcellin [le ministre de l'Intérieur] qu'au président Pompidou. »

Il faut dire que l'écurie de Clémentin multiplie les scoops, tels le scandale de la Garantie Foncière, les révélations sur l'achat par les Chirac d'un château en Corrèze ou la publication de la feuille d'impôt du Premier ministre, Jacques Chaban-Delmas. À tel point que le pouvoir décide de découvrir les sources du « volatile », ainsi que l'appelait de Gaulle.

En décembre 1973, l'affaire dite « des micros du *Canard* » éclate. Des agents de la DST sont surpris en train de poser des micros dans les nouveaux locaux de l'hebdomadaire. Le scandale est énorme. Un juge d'instruction est nommé. Pour défendre son institution et le pouvoir, le directeur de la DST, Henri Briard, « souvent moqué pour ses pantalons courts », écrit Angeli dans *Les Micros du Canard* (Les Arènes, 2014), lui remet « une lettre dans laquelle il affirme que certains membres de la rédaction du *Canard* sont “soupçonnés de contacts avec des agents d’une puissance étrangère” ». *Le Monde* précise prudemment qu’« il serait reproché à l’un [des journalistes] des relations avec les pays de l’Est ».

Angeli en plaisante. « Des anciens communistes, raille-t-il dans *Les Micros du Canard*, ce n’est un secret pour personne, on en compte plusieurs au *Canard*, comme au sein d’autres rédactions d’ailleurs. Mais un nid d’espions, voilà une idée assez originale. »

Qu’en pense l’ex-agent Pipa ? Panique-t-il ? Mystère. Malgré mes multiples démarches auprès de sa famille et de ses anciens collègues, il m’a été impossible de le contacter. En tout cas, il a dû assez vite se rassurer. Car, selon Angeli, « ni le juge ni les médias ne feront grand cas de ces allégations » d’espionnage.

« Bien sûr que nous nous doutions que Clémentin était un agent de la StB, mais nous n’avions pas assez de preuves », peste aujourd’hui encore Raymond Nart, 84 ans, ancien directeur adjoint de la DST. Le journaliste n’était-il pas protégé parce qu’il travaillait à cette époque pour le contre-espionnage français, ainsi que le redoutaient ses traitants de la StB ? « Pas du tout, rétorque Nart très fermement. Nous n'aurions jamais eu assez confiance en lui. »

« Oui, nous savions qu'il avait des contacts avec les services tchèques, confirme Roger Simon, ancien chef de la division tchécoslovaque de la DST. À l'époque, mon chef m'a dit que les forts doutes sur Clémentin avaient été l'un des prétextes avancés pour poser des micros au *Canard*. Mais finalement cette affaire l'a protégé. Après un tel scandale, et même si nous avions trouvé des preuves, il nous aurait été impossible d'inculper un journaliste du *Canard* pour espionnage ! »

En 1985, Ladislav Bittman, le transfuge de la StB, grand manitou des mesures actives du service secret dans les années 1970, publie à Washington un livre intitulé *The KGB and Soviet Disinformation*. À mots très peu couverts, il évoque la collaboration de Clémentin. « En tant que débouché des fuites embarrassantes, *Le Canard enchaîné* a servi de canal pour la désinformation soviétique », écrit-il. Puis il ajoute : « Dans les années 1960, le service tchèque de renseignement a recruté l'une des plumes les plus expérimentées du journal et l'a utilisée comme agent d'influence. » Mais le livre n'a pas été traduit en français. Et surtout, huit ans à peine après le scandale des écoutes, remarque Raymond Nart, « la DST ne se sentait pas encore assez forte vis-à-vis du *Canard* pour désigner Clémentin ». Celui-ci quittera « le volatile » en 1989. L'année de ses 65 ans. Et de la chute du mur de Berlin. La StB sera dissoute l'année suivante. Lui est décédé le 6 janvier 2023, à 98 ans. Sans avoir jamais parlé.

« SAMO »

Une super taupe à la préfecture de police

Ce mardi 26 janvier 1971, après avoir roulé vingt minutes dans Paris, siroté un verre dans un café pendant un bon quart d'heure, roulé de nouveau, garé sa voiture, pris le métro, changé plusieurs fois de ligne, le capitaine František Kramář, alias « Krajicek », sort de la station Porte de Versailles et entre dans une cabine téléphonique.

Le chef de la StB en France, celui-là même qui a tenté de recruter Gérard Carreyrou quelques années plus tôt, jette un œil autour de lui, s'assure une fois encore qu'il n'est pas suivi et compose le numéro de « Samo », son principal agent depuis sept ans – de son vrai nom, Gérard Leconte.

« Je voudrais parler à Mme Leconte, dit Krajicek lorsque celle-ci décroche. Je suis François, un ami marocain de votre fille Martine. Est-ce que vous pouvez me donner son adresse, je l'ai perdue ? » Sa correspondante lui indique l'adresse et raccroche. « Elle a tout de suite compris », rapporte Krajicek le soir même à ses supérieurs à Prague. Compris que son mari et elle courent un danger grave et imminent.

Pour une alerte de niveau 1, l'homme de la StB aurait envoyé à Mme Leconte, nom de code « Pozorna », une carte postale de la cathédrale de Chartres signée Françoise. Un code signifiant « ne venez pas aux prochains rendez-vous prévus, attendez de nouvelles consignes ».

Avec ce coup de fil, une alerte de niveau 2, le plus élevé, le capitaine de la StB donne l'ordre aux Leconte de détruire sur-le-champ tous les documents secrets stockés dans leur maison. Et tout ce qui pourrait aider le contre-espionnage français à les compromettre, eux et leurs officiers traitants.

Le branle-bas a été sonné le matin par les hommes de la StB qui surveillent et protègent les Leconte. Ils ont repéré des voitures du contre-espionnage français guettant les allées et venues du couple. Pour filocher les deux Leconte, la DST a mobilisé de gros moyens, jusqu'à six véhicules du service en même temps qui se relaient aux trousses des Leconte. Donc, si Samo[1] ou sa femme commettent la moindre erreur, s'ils prennent contact avec leur officier traitant ou s'ils lui transmettent ne serait-ce qu'un seul document secret,

---

1. Nous avons pris le parti de ne pas retranscrire les noms cités dans l'ouvrage avec les accents tchèques : Samo s'écrit Sámo ; Pozorna, Pozornà ; Zamec, Zámeč ; Prisne Tajne, Přísně Tajné ; Duverny Styk, Důvěrný ; Frantisek Kramar alias Krajicek, František Kramář.

ils risquent d'être arrêtés en flagrant délit – une catastrophe pour la StB et ses « amis » du KGB.

C'est que Samo est un espion parfait, « *a perfect spy* », comme dirait John le Carré. Au sein de l'appareil sécuritaire français, il occupe un poste idéal pour une taupe, peu visible mais stratégique : il est conseiller du préfet de police de Paris, Maurice Grimaud. À l'abri des regards et des suspicions, il reçoit quantité de documents classifiés en provenance de la DST, du SDECE et des RG.

Depuis sept ans, Leconte les transmet quasiment tous à la StB. Y compris ceux destinés à ses collègues, qu'il dérobe à l'heure du déjeuner ou le soir. Pour les sortir sans risque de la préfecture, il les mélange avec le courrier qui lui est adressé, glisse le tout dans un journal, rentre chez lui où il photographie chaque document. Après le repas ou le lendemain matin, il les remet à leur place. Ni vu ni connu.

Dans ses archives, la StB a conservé ces milliers de feuillets à en-tête des trois services français que Samo lui a transmis à la fin des années 1960. On y trouve, pêle-mêle, des transcriptions d'écoutes téléphoniques d'hommes politiques et de journalistes français ; des fiches sur les mœurs sexuelles, les antécédents judiciaires et la situation financière de personnalités du Tout-Paris ; des comptes rendus de réunions à huis clos de directions de partis politiques ; des analyses des techniques employées par des services secrets adverses, le KGB notamment… Bref, une mine d'or à ciel ouvert pour les espions tchécoslovaques et leurs « amis » soviétiques.

L'affaire Samo commence le 3 mars 1960, dans un cinéma de la banlieue parisienne. On y projette *Le Songe d'une nuit d'été*, un film tchèque d'animation d'après la pièce de Shakespeare. Invité par l'association France-Tchécoslovaquie, Gérard Leconte, 39 ans, vient avec ses trois enfants. À la fin du film, il croise l'un de ses amis, Louis Luc, journaliste à *L'Humanité* et conseiller municipal de Choisy-le-Roi (il en sera maire de 1979 à 1996). Après les retrouvailles, Luc lui présente un diplomate tchécoslovaque, un certain Krajicek, qui a assisté à la séance. L'homme se dit pressé. On promet de se revoir plus longuement.

« Je vous préviens tout de suite, écrit le lendemain le capitaine František Kramář alias Krajicek en relatant la soirée de la veille à ses supérieurs, Leconte est un policier. » L'officier de la StB sait encore peu de choses sur cet homme râblé et jovial : « Selon Luc, il travaille auprès du préfet Papon. Il est adhérent de la SFIO et a été membre du cabinet de ministres socialistes, comme Guy Mollet, Pflimlin, Moch… »

Quelques jours plus tard, il en apprend un peu plus. « Luc m'a dit qu'à un moment Leconte a été proche du PCF et qu'il lui a divulgué des informations confidentielles. Cela a duré deux ans environ [...]. Luc était justement responsable de la liaison secrète avec Leconte. Après, ils ont continué à se fréquenter, amicalement. » Krajicek omet d'écrire, peut-être parce qu'il l'ignore, qu'à la suite de cette affaire, Leconte a été poursuivi par la justice française qui n'est pas parvenue à trouver suffisamment de preuves pour le condamner, et qu'ensuite il a été muté des Renseignements généraux à la préfecture de police.

Après la projection du *Songe d'une nuit d'été*, Krajicek laisse passer quelques jours, puis téléphone à Leconte, que, dans ses rapports, il affuble déjà d'un premier nom de code, « Kos ». Il lui propose de se retrouver le 30 mars 1960 dans le café à la mode, Le Flore. En l'invitant dans ce lieu de prestige, l'homme de la StB espère susciter des confidences, tisser des liens de confiance avec Leconte.

Ça fonctionne. Le policier se détend. Il raconte sa vie, sa peur aussi de fréquenter un diplomate de l'Est. « Il m'a confié qu'il était effrayé et qu'il a regardé autour de lui avant d'entrer dans le café. À Paris, il faut être vigilant, a-t-il ajouté : dans les restaurants, les serveurs portent parfois des microphones et sont payés pour recueillir des renseignements. » L'ancien des RG dévoile un autre truc du contre-espionnage français : « La police surveille sans cesse les ambassades, notamment en demandant aux taxis de les renseigner sur les allées et venues des diplomates. »

Puis Leconte alias Kos évoque ses fins de mois difficiles. Il assure qu'il n'a pas le courage de quitter la SFIO, même s'il y est détesté pour son passé procommuniste, parce que la fédération socialiste est très puissante dans la police et qu'« il a trois enfants, deux filles et un garçon, dont il doit assurer l'avenir », rapporte Krajicek. L'aînée, 16 ans, voudrait faire médecine, « c'est l'une des raisons pour lesquelles Leconte a besoin d'argent ». Sans autre forme de procès, les deux hommes décident de se revoir loin de Paris, de ses serveurs et de ses chauffeurs de taxi indiscrets.

Rambouillet, Sens, Amboise… Les dîners et les déjeuners s'enchaînent. Kos lâche de plus en plus d'informations confidentielles. Un jour, il révèle que les RG savent que la Tchécoslovaquie fournit des armes à un pays africain en les faisant transiter par son ambassade à Paris. Au cours d'un autre repas, il indique le lieu où la DST gare ses véhicules de surveillance. Il donne aussi à Krajicek l'annuaire des cadres du ministère de l'Intérieur, un document confidentiel réservé aux directeurs du service de contre-espionnage qui peut être extrêmement utile pour tenter d'en recruter quelques-uns.

Pendant des mois, Leconte est traité par les Tchécoslovaques comme un informateur de confiance mû par des convictions idéologiques. Pas comme un agent, pas encore. La StB ne veut pas précipiter les choses. Le moindre faux pas pourrait faire reculer ce policier qui sait tant de choses.

Ce n'est qu'au bout de cinq ans que Prague donne son feu vert à un recrutement en bonne et due forme de Kos. L'opération se déroule le 15 juillet 1965, à la brasserie Marty, avenue des Gobelins, à Paris. « Je suis arrivé trois heures avant la rencontre pour bien surveiller l'endroit, rapporte Motl, le nouvel officier traitant de Leconte. Après des propos de table, l'officier recruteur en vient au fait : « Je lui ai dit que je travaille depuis longtemps pour le service secret, rapporte-t-il à Prague. Puis je l'ai remercié pour son aide exceptionnelle jusqu'à aujourd'hui et lui ai proposé que nous passions à un autre stade de notre relation. » Leconte ne répond pas directement.

Il révèle que dernièrement on l'a chargé de délivrer quatre cartes de presse à des agents du SDECE, mais il n'en dit pas davantage, comme s'il voulait faire saliver son interlocuteur qui aimerait beaucoup connaître les noms de ces faux journalistes. Puis, une fois de plus, Leconte se plaint de sa situation financière « qui n'a pas évolué depuis quinze ans ». « Du fait de son manque d'argent, il passe ses vacances en Espagne, ajoute Motl. Il n'est pas fier de financer ainsi le régime franquiste, mais il ne pourrait pas offrir de tels congés en France à sa famille. Il assure qu'il est très mal payé à cause de ses sympathies passées pour le communisme. » Un appel du pied sans ambiguïté.

« À la fin du repas, je lui ai donné 1 000 francs, rapporte l'officier de la StB. Au début il a refusé, arguant qu'il ne voulait pas être considéré comme un “agent”. Je l'ai rassuré en lui disant que cet argent n'était pas pour lui mais pour sa femme, une personne exceptionnelle, m'a-t-on dit. Alors il a pris l'enveloppe. » Donnant donnant, Motl lui demande de lui rapporter, lors de leur prochaine rencontre, la liste complète des collaborateurs de la DST. Leconte accepte.

La StB est ravie d'avoir décroché un tel agent au cœur du dispositif sécuritaire et de renseignement français. Pour le ferrer davantage, Motl arrive, lors du déjeuner suivant, avec un substantiel cadeau de bienvenue, une « enveloppe contenant 50 billets de 100 francs ». « Je lui ai suggéré de déposer cet argent sur un compte au nom de sa femme », écrit Motl.

D'abord, Leconte laisse ostensiblement l'enveloppe sur la table en répétant qu'il ne veut pas travailler pour de l'argent, mais seulement pour la cause. « Je lui ai dit une nouvelle fois qu'il serait bien avisé de mettre cette somme de côté pour sa femme ou ses enfants. Alors il a pris l'enveloppe… » Leconte change de nom de code. Il devient l'agent Samo.

La StB veut protéger à tout prix sa nouvelle recrue si bien placée. Elle lui offre un appareil Kodak dernier cri pour photographier les documents secrets qui défilent au cabinet du préfet. Mais ce n'est pas Samo qui livrera les films. Ce sera sa femme, Pozorna, ravie de jouer un rôle important dans la conspiration. Tous les deux mois, elle devra remettre les bobines à un courrier du service secret, nom de code « Kosnar », qui, en contrepartie, lui donnera la somme d'argent convenue, 6 000 francs – un montant très important à l'époque.

Les premiers échanges se déroulent dans les grands magasins parisiens, La Samaritaine, Le Bon Marché et le Printemps. Puis sur un quai de métro dans une station définie à l'avance lors de la rencontre précédente : Sèvres-Babylone, Michel-Ange, Étoile, Place d'Italie ou Bastille.

Pozorna apprend vite la procédure. Elle doit descendre de la première voiture. Si elle porte des lunettes à monture verte, c'est qu'elle a un problème et les deux doivent s'ignorer. Si tout va bien, Kosnar s'approche d'elle sur le quai, saisit furtivement les bobines, une dizaine à chaque fois, cachées dans des boîtes de médicaments, et lui remet rapidement une enveloppe contenant 6 000 francs. Les deux courriers ont très peu de temps pour se parler, seulement quelques minutes entre deux rames. Le 16 novembre 1967, pourtant, l'épouse de Leconte ne tient pas : elle lui annonce qu'elle est grand-mère.

Samo et son officier traitant se voient, eux, longuement et loin de Paris, au cours de rencontres dites « d'instruction ». À Enghien-les-Bains au début, puis à Deauville chez Augusto, le plus vieux restaurant de la ville, l'un des plus chers aussi. Après le gueuleton, ils vont se promener sur les Planches. Leconte parle des changements à la direction de la préfecture de police, du départ de Maurice Papon et de l'arrivée de Maurice Grimaud, qui le réjouit.

L'officier traitant le remercie pour la moisson de secrets que Pozorna commence à livrer, mais il demande à Leconte de ne plus photographier tout ce qui passe par le cabinet du préfet, sans trier. « Par exemple, la note des RG sur le séjour d'El Fassi [ancien ministre marocain] à l'hôpital américain n'a absolument aucun intérêt pour nous, lui ai-je dit », rapporte l'officier traitant le lendemain à ses supérieurs. Il lui suggère aussi d'améliorer ses clichés en augmentant la lumière ambiante.

Il promet aussi à Leconte qu'en cas de menace, sa femme et lui pourront fuir à l'étranger. La StB leur a confectionné de faux passeports suisses, au nom de Jean et Louisa Perret (voir hors-texte). « Nous discutons du meilleur endroit pour les dissimuler, précise l'officier traitant à Prague. Le plus simple serait de trouver une cachette dans la petite maison près de Mantes que Samo loue 300 francs par mois. Mais où exactement : dans un trou à l'extérieur ou dans la maison ? Nous n'avons pas encore tranché. » L'homme de la StB évoque une troisième possibilité : « Les passeports pourraient être conservés à l'ambassade de Tchécoslovaquie. En cas de danger, les Leconte pourraient les récupérer dans une boîte aux lettres morte [une cache dans un lieu public, dans le jargon de l'espionnage]. »

Au fil des ans, ces rencontres dites « d'instruction » entre Samo et son traitant se déroulent invariablement loin de la capitale, dans de bons restaurants : Le Lion d'Or à Amboise, Chez Maxime à Saint-Quentin ou le Restaurant de la République à Sens. Là, Samo fait d'abord part – toujours oralement – des derniers échos, plus ou moins secrets, de la préfecture. Il confie, par exemple, que le leader de la SFIO, l'ancien président du

Conseil, Guy Mollet, « a peur d'être assassiné » et qu'il a demandé à Samo de lui obtenir un port d'armes et un second garde du corps – requêtes acceptées par le préfet.

Puis ils parlent politique. Leconte y tient. C'est une personnalité complexe. Très attiré par l'argent, il semble aussi convaincu par la cause révolutionnaire. Il va jusqu'à défendre l'héritage de Staline. Le 26 avril 1968, alors que Prague vit son Printemps, il se dit très inquiet de la situation dans le bloc de l'Est. Il estime que « le PC tchécoslovaque joue avec le feu et qu'un régime bourgeois pourrait remplacer le communisme », rapporte son officier traitant qui ajoute : « Je me suis rendu compte que son éducation jésuite ressortait. Il a besoin de croire… »

Un autre jour encore, le policier râle contre la petite amie de son fils qui aime trop les vêtements et les babioles. Que faire d'une telle petite-bourgeoise ? demande-t-il à son officier traitant qui reste coi. « Je fais un régime, confie aussi Leconte quelques semaines plus tard, mais cela me fatigue. Qu'en pensez-vous ? – N'en faites pas trop », répond Krajicek qui, lui, peste une fois encore contre la masse de documents inutiles photographiés par Samo. « Je n'ai pas besoin de la liste des Chinois qui traversent la France en avion », grogne-t-il.

Reste que, dans cette profusion de notes, Krajicek déniche un grand nombre de pépites qui font le bonheur de la StB et de ses « amis » soviétiques. Documents qui, pour la plupart, ne sont toujours pas, en 2024, déclassifiés en France.

Il y a d'abord des comptes rendus d'écoutes téléphoniques, grâce auxquels l'observateur d'aujourd'hui (re)découvre, abasourdi, que les pouvoirs gaullistes puis pompidoliens espionnaient à tout va et sans contrôle journalistes et leaders d'opposition.

Un jour, la cible des grandes oreilles est le socialiste Charles Hernu. Le futur ministre de la Défense reçoit un coup de fil d'un diplomate américain qui l'invite, avec François Mitterrand, à rencontrer un mystérieux personnage venu exprès de Washington. Un autre, c'est le même Hernu qui bavarde avec un diplomate tchécoslovaque ou avec un émissaire ouest-allemand. Un autre encore, c'est l'ancien ministre Maurice Faure qui consulte un haut responsable du Quai d'Orsay. Ou c'est le patron de *L'Express*, Jean-Jacques Servan-Schreiber, qui devise avec l'ambassadeur d'Israël en France sur les projets de Tel Aviv. Ou les patrons du *Nouvel Observateur*, Claude Perdriel et Jean Daniel, qui parlent tactique politique avec Pierre Mendès France, alors l'un des principaux leaders de la gauche non communiste.

Un autre jour encore, c'est Claude Angeli, alors journaliste au même *Nouvel Observateur*, qui partage des informations et des sources avec un confrère. Ou un reporter du journal d'extrême droite *Minute* qui interroge une « gorge profonde » au Parti communiste sur la succession de son secrétaire général, Waldeck Rochet.

Au sujet des écoutes, les espions tchécoslovaques sont bien mieux informés que les citoyens français.

Samo photographie, en effet, le décret secret qui présente dans les moindres détails le Groupement interministériel de contrôle (GIC). Installé dans une caserne avenue de Tourville à Paris, cet établissement protégé est chargé des interceptions demandées par les services de renseignement. À l'époque, les Français ignorent jusqu'à son existence. La StB, elle, connaît tout : le nombre exact de ses employés, la marque des machines employées et la capacité quotidienne d'interceptions.

Samo livre aussi aux Tchécoslovaques, et à travers eux aux Soviétiques, toutes les « notes blanches » des RG qui arrivent sur le bureau du préfet de police. Ces rapports très courts et non signés rapportent les petits et grands secrets d'un Tout-Paris si vulnérable au chantage.

D'après ces « notes blanches », une speakerine très en vue aurait des relations homosexuelles tarifées avec des filles du bois de Boulogne ; le rejeton d'un leader communiste serait lui aussi homosexuel et fréquenterait des bars pour « invertis » ; un consul du Venezuela fait l'objet d'une plainte pour attentat à la pudeur ; un représentant de la Ligue arabe déroberait l'argent de son mouvement pour s'offrir des week-ends torrides avec sa secrétaire ; un fonctionnaire de l'ONU de nationalité tchécoslovaque, soupçonné d'être un espion, a été mis sur écoute ; un officier de l'OTAN perdrait de l'argent dans un cercle de jeux…

Plus grave encore, le policier français photographie un rapport secret de 180 pages sur la colonie tchécoslovaque en France, avec les noms et adresses des opposants au régime communiste et celui sur les espions illégaux de la StB en Europe ; la liste de tous les numéros d'immatriculation des voitures de la DST ; et celle des fausses plaques établies par la préfecture pour les officiers du SDECE.

Il transmet également des rapports qui intéressent directement Moscou : le compte rendu secret du bureau politique du Parti communiste français qui a décidé de ne pas soutenir l'écrasement du Printemps de Prague ; une étude de 80 pages du SDECE sur les techniques du KGB où l'on découvre que, selon le service français, 74 des 219 diplomates soviétiques en poste à Paris sont des officiers de renseignement sous couverture ; un dossier des RG sur « les Américains à Paris » avec noms et adresses des principaux responsables de la communauté ; la liste des adhérents des multiples mouvements d'extrême gauche qui foisonnent en France, également avec leurs adresses…

Enfin, Leconte transmet, quasiment en temps réel, tous les rapports des RG sur Mai 68, des documents qui ne seront déclassifiés que plusieurs décennies plus tard, grâce auxquels on découvrira comment ministres, hauts fonctionnaires et chefs de parti se sont comportés, en coulisses, pendant la crise…

Ce n'est pas tout. Samo est un agent multitâche. Il accepte de participer à une campagne d'intox orchestrée par la StB. En septembre 1966, Krajicek lui demande de l'aider pour l'opération « Drozd ». Il s'agit de décrédibiliser le dissident tchécoslovaque

Pavel Tigrid. Bête noire des dirigeants à Prague, cet intellectuel de renom anime, à Paris, une revue très populaire dans les milieux d'opposition, *Témoignages*.

L'idée de la StB est d'envoyer une lettre anonyme au préfet de police laissant entendre, de façon crédible, que Tigrid est en réalité un personnage très trouble, à la fois homme de la CIA et agent d'un service de l'Est. Rédigée à Prague, la missive anonyme est signée par un certain « Harry », qui se présente comme un farouche partisan de l'Algérie française, antigaulliste forcené. L'un de ses amis américains, « membre d'un service secret », lui aurait demandé de participer à un attentat contre le président français. Pour cela, « Harry » devait prendre contact avec Pavel Tigrid.

Harry assure qu'il était prêt à suivre les ordres jusqu'au moment où il a découvert que ce Tigrid fricote avec des services secrets de l'Est. Il prévient le préfet Papon parce qu'il redoute que quelqu'un d'autre n'accepte le job que lui-même refuse et que cet autre barbouze participe ainsi sans le savoir à un attentat contre de Gaulle, orchestré en réalité par un service secret communiste.

Leconte corrige la lettre. Bien que la manipulation soit particulièrement tordue, il parvient à la tourner de telle façon que son patron gobe le mensonge, avertisse la DST et le SDECE sur le prétendu double jeu de Tigrid et sème ainsi le doute sur la sincérité du dissident.

La missive est postée par un homme de la StB. Il a pris soin d'effacer toutes les empreintes digitales présentes sur l'enveloppe et le papier à lettres. Dès qu'elle arrive à la préfecture, Leconte l'apporte lui-même à Maurice Papon qui, comme prévu, alerte immédiatement les services français : Tigrid est peut-être, dit-il, un agent des Tchécoslovaques. L'opération Drozd est un succès. Samo reçoit une prime pour sa participation (Tigrid, lui, deviendra, vingt-huit ans plus tard, ministre de la Culture de son pays devenu démocratique).

La collaboration de Samo avec le service secret tchécoslovaque se poursuit jusqu'en septembre 1968, quand la StB découvre la fuite à l'Ouest de l'un de ses principaux cadres, Ladislav Bittman, lequel, à la différence de Leconte, est désespéré par l'écrasement du Printemps de Prague.

Krajicek décide de suspendre toute relation avec les Leconte. Le courrier Kosnar prévient Pozorna lors d'un échange à la station Sèvres-Babylone, le 19 septembre. Après avoir récupéré les bobines, l'officier tchécoslovaque ordonne aux Leconte de détruire tous les films restants, si possible en les jetant dans une rivière.

« Quand nous voudrons reprendre contact avec vous, ajoute Kosnar, nous vous enverrons douze roses rouges. Vous devrez alors vous rendre le samedi suivant au restaurant du Printemps. » « Si vous-même, ajoute-t-il, devez absolument nous parler, allez le dernier jour du mois à la poste de la rue Cler à Paris, prenez le bottin du VIIe arrondissement et cornez la page des Martin. » L'échange dure à peine sept minutes. Avant de reprendre le métro, Kosnar glisse 9 000 francs dans le sac de Pozorna.

À la fin du printemps 1969, constatant que Samo n'a pas été inquiété et que Bittman ne pouvait pas, en fait, être au courant de la collaboration de Leconte avec la StB, Krajicek ordonne à Kosnar de renouer avec Pozorna.

« Comme prévu, rapporte le courrier le 31 mai 1969, je suis allé hier chez le fleuriste Interflora du boulevard de La Tour-Maubourg pour commander la livraison de douze roses à Pozorna. J'y ai ajouté une carte de vœux pour la fête des Mères. Le lendemain, je suis entré au café du Printemps au même moment que Pozorna. » L'officier de la StB l'informe que les échanges peuvent reprendre puis lui donne une enveloppe contenant 9 000 francs.

Les trocs dans les stations de métro recommencent. Ils durent dix-huit mois, jusqu'au coup de fil de Krajicek à Pozorna d'une cabine de la porte de Versailles, fin janvier 1971. Comme l'officier traitant le redoutait, Leconte est arrêté quelques jours plus tard. Quand il est libéré au bout d'un mois, la StB n'entreprend rien pour renouer avec lui. Krajicek s'inquiète, mais les « amis » soviétiques lui conseillent de ne pas bouger. Alors il va voir Louis Luc, le journaliste à *L'Humanité* qui lui a présenté Leconte onze ans auparavant après la projection du *Songe d'une nuit d'été*.

Selon lui, la DST soupçonne Leconte de collaborer avec un service de l'Est mais manque de preuves. Si bien que Leconte a repris son travail à la préfecture. Mais il a été muté dans un service moins sensible.

Krajicek laisse passer un an et en mars 1972 envoie une douzaine de roses à Pozorna. C'est Samo qui se présente le samedi suivant au Printemps. « Il m'a dit qu'il n'est plus suivi, écrit l'officier de la StB. Je lui ai dit qu'aucun des trois traîtres [de la StB qui ont fui à l'Ouest] ne connaît son nom, il était soulagé. Je lui ai donné 15 000 francs. »

Deux mois plus tard, les deux hommes se retrouvent à Longnes, petit village des Yvelines. Le soir, ils déambulent dans les ruelles sombres et discutent. « Je voulais qu'il me parle de son arrestation, rapporte Krajicek. Il m'a dit qu'il avait détruit les films en sa possession et leur cache, d'abord à coups de marteau puis en en jetant une partie dans la Seine et l'autre dans les toilettes. Il a fait cela le jour de son arrestation, le 18 février 1971, quand il s'est lui-même aperçu qu'il était suivi. »

Samo raconte que la DST lui a montré des photos d'officiers de la StB en poste à Paris et qu'il a fait semblant de ne pas les reconnaître, à part peut-être « vaguement » Motl, « rencontré sans doute au cours d'une soirée d'ambassade ». « Il ajoute qu'il a dû y avoir de longs et difficiles débats au plus haut niveau politique au sujet de son arrestation. » Selon lui, l'ancien directeur de cabinet de Grimaud, et actuel directeur de cabinet du ministre de l'Intérieur Marcellin, aurait probablement œuvré à son blanchiment de peur de sombrer avec lui. Il explique enfin que lui-même a été recasé en tant qu'adjoint du directeur de l'hygiène et de la santé publique à la préfecture.

Krajicek lui annonce que le contact entre eux demeurera interrompu pendant encore deux ans et que la StB le contactera peut-être en 1974. Mais Samo lui répond que ce serait risqué et inutile. « La DST n'a pas réussi à accumuler assez de preuves contre lui, écrit Krajicek, mais elle lui a dit qu'elle avait plusieurs agents au sein de la StB qui seront forcément au courant s'il recommence à espionner pour elle. » Il ajoute que, très marquée psychologiquement, sa femme ne pourrait plus jouer les intermédiaires. Et puis, à quoi bon reprendre contact, puisque à la direction de l'hygiène il ne sera plus destinataire d'aucun secret ?

« Je lui ai donné 60 000 francs, raconte Krajicek, et l'ai encouragé à être très prudent sur ses dépenses, qu'il devrait investir dans sa maison de campagne. Puis je lui ai dit que je quittais la France et que nous ne nous reverrions plus. Nos adieux ont été très émouvants », conclut l'officier de la StB.

Dans ses Mémoires[1] publiés quinze ans plus tard, le patron de la DST de l'époque, Jean Rochet, consacre plusieurs paragraphes à l'affaire sans jamais citer le nom de Leconte. Ses souvenirs sont un peu bancals, il se trompe, volontairement ou pas, de chronologie, mais confirme globalement l'opinion de Leconte, selon

1. *Cinq ans à la tête de la DST*, Plon, 1985.

lequel le directeur de cabinet du ministre de l'Intérieur a intrigué pour étouffer l'affaire.

Deux transfuges de la StB avaient informé qu'« une personne qui avait été en fonction dans un cabinet ministériel » transmettait « depuis des années une grande quantité de renseignements de différente nature à leur centrale », écrit-il. « Au total, ajoute-t-il, il y avait de quoi remplir plusieurs coffres et les dossiers ainsi constitués représentaient plusieurs milliers de feuillets. »

« Au cours d'une conférence présidée par le ministre de l'Intérieur [Raymond Marcellin], je demandai que l'intéressé soit immédiatement relevé de ses fonctions mais, devant l'opposition de son directeur de cabinet et du préfet de police, M. Marcellin décida que j'exercerais un contrôle permanent sur les faits et gestes du suspect afin de le prendre en flagrant délit. Malheureusement, quelques jours après, malgré les recommandations de discrétion absolue, une fuite en direction d'un hebdomadaire compromit irrémédiablement le succès de cette surveillance. Il ne me restait que l'arrestation[1]. »

L'ancien patron de la DST conclut : « Placé durant quatre jours en garde à vue, ce policier dut avouer sa "collaboration" avec le Parti communiste. Sa propre

1. En réalité, Leconte a été arrêté plusieurs semaines avant la publication du premier article sur l'affaire, dans *Minute* le 6 avril, et non après.

femme nous fournit, au cours de son audition, des éléments fort inquiétants et très révélateurs mais l'affaire ne devait pas aller plus loin et se termina par une simple mutation… » Il ne dit pas pourquoi les autorités ont étouffé l'affaire.

Leconte, quant à lui, ne dira jamais rien. En 1981, la gauche le nomme directeur de la Maison de Nanterre, un centre d'hébergement qui accueille 2 500 sans-abri. Il y a là une maison de retraite, un hôpital, des ateliers d'entretien et plus de mille employés. Le lieu, qui dépend de la préfecture de police de Paris, est sordide. Leconte le transforme complètement.

« Quand il en a pris la direction, raconte Marc-Ambroise Rendu dans *Le Monde* en 1987, Gérard Leconte a fait démolir une partie du mur d'enceinte, planter des fleurs, supprimer les rations de vin, supprimer l'uniforme et instituer la mixité. » Le journaliste ajoute : « Ce petit homme, énergique et habile gestionnaire, avait la naïveté de croire encore que tout être humain, si misérable soit-il, peut vivre et mourir dans la dignité. “C'est une sorte de saint laïc”, avouent ceux qui l'ont vu à l'œuvre. »

L'ancien policier meurt en 1988, un an après cet article si louangeur. Malgré ses bonnes œuvres en fin de carrière, il n'est peut-être pas monté directement au paradis.

« ROBERT »

La vérité sur un grognard de Mitterrand

Plusieurs collaborateurs français de la StB parmi les plus importants ont été, au fil des ans, transférés au KGB. Comme si, pour les « gros poissons », le service secret tchécoslovaque servait d'antichambre au grand frère soviétique.

C'est le cas du socialiste Claude Estier, grognard de François Mitterrand et ancien président du groupe PS au Sénat, qui, au cours des années 1960 et 1970, a été ballotté d'un service à l'autre.

Bien avant l'ouverture des archives de la StB, de lourds soupçons pesaient sur cet ancien journaliste. Le plus sérieux provenait des archives du colonel du KGB Vassili Mitrokhine. Parmi les milliers de documents secrets que celui-ci a recopiés à la main avant la chute de l'Union soviétique et qu'il a publiés en 1999 avec l'historien britannique Christopher Andrew dans la somme intitulée *Le KGB contre l'Ouest*, on découvre que, durant la IVe République, le KGB a recruté deux hommes politiques socialistes. Or l'un, « nom de code Gilbert puis Gilles », était un ancien journaliste qui passait « pour un proche du futur président de la République, François Mitterrand », un parcours qui faisait furieusement penser à Claude Estier.

Mitrokhine et Andrew précisent que ce collaborateur a été « recruté par la StB en 1955 sous le nom de code de "Roter" » et que ses contacts avec le KGB « ont commencé un an plus tard ». « Inepties », a invariablement répondu Claude Estier jusqu'à sa mort en 2016.

Pourtant les archives de la StB sont formelles : « Gilles » était bien Claude Ezratty dit Estier, son nom de plume. Son alias à la StB n'était pas tout à fait « Roter » mais « Robert ». Et il est également vrai que Prague l'a recruté comme agent en 1955, en avril précisément. C'est du moins ce que l'officier traitant a cru.

La relation entre la StB et « Robert » se noue en février 1954 quand Gilles Martinet, le rédacteur en chef de *France Observateur*, dont Estier est alors l'un des journalistes, lui présente le diplomate tchécoslovaque Ludek Tomek, plus connu à la StB sous son nom de code « Rivet ». Les deux hommes décident de se revoir.

Après quelques rencontres, la StB dresse un portrait peu flatteur du jeune « Robert ». Ce dernier apparaît sous les traits d'un ambitieux, obsédé par l'argent. « Il a trente ans, sa femme est catholique et plus âgée que lui, détaille le rapport. Il l'a épousée pour la fortune de sa future belle-famille, des industriels du textile. Il habite un grand appartement qui contient beaucoup d'objets de valeur et il possède une Peugeot. Pourtant il dit tout le temps qu'il manque d'argent, que, par exemple, il ne peut s'acheter un nouveau réfrigérateur, ni payer les soins pour sa femme qui est très malade. »

Le rapport ajoute : « Robert mène un train de vie très dispendieux, il porte des vêtements élégants, aime bien manger et boire. Il aime les femmes aussi. Il est d'ailleurs probable qu'il a eu une aventure avec la femme de Martinet. »

Sur le plan idéologique, Robert semble plus en phase avec le service tchécoslovaque. « Il a adhéré au PSU en septembre 1948. Journaliste progressiste, il est très hostile aux plans guerriers des États-Unis et il est très favorable à des négociations avec l'Est pour assurer la sécurité collective de l'Europe. » Pas un mot évidemment sur la position du jeune Estier sur les procès dits de Prague qui, deux ans auparavant, ont conduit à l'exécution de douze dirigeants du PC tchécoslovaque, dont le numéro un Rudolf Slánský, et à l'emprisonnement d'Artur London et de 30 000 opposants à la dictature communiste.

En tout cas, Estier sympathise tout de suite avec l'officier traitant Rivet, de trois ans son aîné. Les deux trentenaires bavardent beaucoup. « Robert l'a assez vite informé sur la situation politique en France », précise le rapport de la StB. Mais, « jusqu'à présent, il n'a rien dit de plus qu'il n'ait déjà mentionné dans *France Observateur* ». Peu importe : le jeune ambitieux intéresse bigrement la StB puisqu'il connaît tant de monde à gauche et puisque, si la SFIO revient au pouvoir, « il entrera, assure-t-il, au cabinet du ministre de la Défense ».

Bien que Robert ne livre pas encore de secrets, Rivet lui fait quelques cadeaux, des timbres pour sa collection, des verres en cristal de Bohême et deux bouteilles de liqueur pour Noël. Et puis, très vite, Prague décide de le recruter et adresse des instructions très détaillées à la rézidientoura de la StB à Paris.

« Le recrutement de Robert devra avoir lieu en mars 1955, est-il précisé. Le camarade Rivet va choisir un café ou un restaurant à Paris ou, si possible, en banlieue. Sur place, il devra vérifier que Robert critique toujours la remilitarisation de l'Allemagne. » Si c'est le cas, « Rivet passera à l'entretien de recrutement. Il soulignera la gravité de la situation mondiale, le fait que les informations que Robert nous a déjà apportées ont été très utiles pour notre politique de paix. Rivet doit ensuite dire qu'il voit en Robert un vrai progressiste avec lequel il aimerait travailler davantage. Ce qui nous intéresse ? Les préparatifs américains à la guerre et la liste des agents américains dans le gouvernement français ».

« Rivet doit adopter un ton très amical, insister sur la gravité de la situation, conclut la note de Prague. Après son accord – probable –, il faudra lui expliquer les règles de la conspiration : par exemple, il ne sera plus possible de se téléphoner. Mais il n'y a pas de raison d'avoir peur puisque, de notre côté, la sécurité d'une telle collaboration est assurée, d'ailleurs même l'ambassadeur [de Tchécoslovaquie en France] ne sera pas au courant. »

Le recrutement est prévu pour le 2 avril 1955. Mais, quelques jours auparavant, Roger Stéphane, l'un des trois fondateurs de *France Observateur*, est arrêté et inculpé d'atteinte à la sûreté de l'État pour avoir publié un rapport militaire d'importance. L'ancien résistant risque plusieurs années de prison.

Le rendez-vous décisif entre Robert et Rivet a finalement lieu le 15 avril. « Au début, nous avons parlé de la situation internationale, de l'arme atomique et du chancelier Adenauer, rapporte Rivet à ses supérieurs. J'ai insisté sur la politique de paix de l'URSS. Comme j'ai constaté que Robert réagissait bien, j'ai suivi vos instructions. » Si bien qu'Estier « accepte de donner plus d'informations confidentielles et de parler plus en détail des personnalités qu'il connaît ».

Mais il a peur. « Je l'ai rassuré, insiste Rivet. J'ai utilisé votre exemple de l'ambassadeur qui ne sera pas au courant. Le plus important, lui ai-je dit, c'est la sécurité de nos rencontres, d'autant plus depuis l'arrestation de Stéphane. Nous allons donc instituer entre nous des rencontres fixes et de remplacement. » Le journaliste dit encore oui. Selon l'officier de la StB, « on pouvait voir que Robert était conscient de la gravité de la décision qu'il venait de prendre ».

Mais lorsque Rivet parle de rémunération, Estier se cabre. « Il a refusé. Alors, comme il m'a dit qu'il aimait beaucoup le caviar, qui est très cher à Paris, je lui ai promis de lui en rapporter. Après beaucoup d'hésitation, il a fini par accepter. »

Est-il pour autant devenu un agent ? Pas vraiment. Deux mois plus tard, une nouvelle rencontre. Estier dit qu'il est très pressé, et que, pour boucler ses fins de mois, il écrit dans trois journaux, *France Observateur*, *Le Monde* et *Le Progrès* de Lyon. Rivet saisit l'occasion pour lui reparler d'argent. « Je lui ai dit qu'il y avait une solution très simple : que nous lui payions un salaire, rapporte-t-il à ses chefs. Mais il m'a tout de suite interrompu : il tient à rester bénévole. Il a accepté notre collaboration pour que nous atteignions notre objectif politique commun. À ses yeux, être rémunéré serait moralement inacceptable, sa collaboration perdrait toute sa valeur. »

Rivet tente autre chose. « Je lui ai dit que nous ne nous étions pas compris, que je voulais simplement l'aider à travailler à notre but commun. Il a de nouveau refusé en me demandant : "Si vous étiez à ma place, vous accepteriez ?" Je lui ai répondu "Oui. – Je ne vous crois pas", a-t-il rétorqué. J'ai poursuivi en disant que je ne voyais rien de méprisable à recevoir une aide. Mais là encore il ne m'a pas cru. »

Estier lui annonce que, débordé, il arrêtera de travailler pour *Le Progrès* à la fin de l'été. Rivet revient à la charge, parce que, il le sait, un agent qui n'est pas rémunéré n'est pas vraiment un agent. Estier aussi. « Il m'a dit que, dès qu'il serait mon employé, il perdrait toute liberté d'action et d'écriture. Finalement, il accepte d'être remboursé des frais qu'il engagerait pour son travail avec nous. »

Il accepte aussi d'essayer de renouer le contact avec son ancien professeur de droit, André Ségalat, secrétaire général du gouvernement depuis neuf ans. La StB s'intéresse de près à ce conseiller d'État, qui, dans l'ombre, joue un rôle primordial au cœur de la IVe République. Mais Estier prévient que ce ne sera pas facile, que Ségalat « se méfie beaucoup ».

Au bout d'un an, le bilan de Robert est bien maigre. « Ses résultats sont très mauvais, rapporte Rivet le 27 mars 1956. Ses rapports, toujours oraux, ne sont pas intéressants et il n'a pas réussi à approcher Ségalat. Il n'a toujours pas accepté notre aide financière. » Bref, conclut Rivet, Robert « travaille non comme un agent mais comme un informateur moyen ».

En août 1956, Rivet est expulsé de France. La StB désigne un nouvel officier traitant auprès d'Estier. Pour essayer de le lui « vendre », Rivet invite Robert à Prague. Les deux hommes se retrouvent place Venceslas, en face du Musée national.

Mais Estier ne se laisse toujours pas embrigader. Et il ne veut pas rencontrer un autre traitant que Rivet. « Robert m'a dit qu'il m'avait donné des informations parce qu'il me faisait confiance, qu'il était sûr que j'en ferais bon usage, relate Rivet à ses supérieurs. Mais il refuse de devenir un simple agent et de traiter avec quelqu'un qu'il ne connaît pas. »

En fait, Estier a peur et ne croit pas aux garanties sur sa sécurité. « Vous-même avez dû rentrer à Prague », lance-t-il à Rivet qui ajoute : « Robert est persuadé qu'en tant que journaliste "normal", il peut faire avancer la cause sans trop de risque. »

Finalement, Estier accepte de rencontrer Vlk, nom de code de son nouvel officier traitant, officiellement journaliste à l'agence de presse tchécoslovaque CTK. Mais très vite il rechigne. Il évite même « tout contact », écrit, fin 1958, la direction de la StB qui cherche à comprendre la raison de cet échec. « Avant d'être recruté, Robert était plus ouvert. Dès qu'il a été un peu contraint, le niveau de sa collaboration a baissé. » Conclusion à l'attention de Vlk : « Nous vous demandons de ne plus le voir en tant qu'agent mais seulement en tant qu'informateur, de ne plus le pousser, de le rencontrer de temps en temps et pas plus, de l'appeler tous les dix jours par exemple, ainsi il n'aura pas l'impression d'être contraint. Sinon nous allons le perdre complètement. »

Quand les Soviétiques comprennent que la StB ne tient plus son agent Robert, le KGB intervient. Le 16 novembre 1959, le service secret soviétique écrit à sa filiale tchécoslovaque : « Nous voudrions essayer de recruter Robert, nous vous demandons donc de nous transmettre toutes les informations le concernant, ordonne le "grand frère". Nous voulons savoir comment il a été recruté, quel type d'informations il transmet, quelle est sa position sur notre système politique et si vous avez confiance en lui. »

Sommée par le KGB de lui laisser Estier, la StB coupe tout contact avec lui. Mais, cinq ans plus tard, Estier tape de nouveau à la porte de l'ambassade tchécoslovaque à Paris. La résidence demande aux « camarades soviétiques » s'ils sont toujours « intéressés par Robert ». La réponse est négative. Pourquoi ? Les archives du KGB étant fermées à double tour, on l'ignore. Mais on peut imaginer qu'Estier, « Gilles » pour Moscou si l'on en croit l'archiviste Mitrokhine, a été un agent aussi réticent et aussi improductif avec le service soviétique qu'il l'a été avec la StB.

Quoi qu'il en soit, le contact entre Estier et le service tchécoslovaque est renoué. Le 7 juillet 1965, le journaliste socialiste déjeune avec un autre officier traitant, « Ondruska », au restaurant Queenie. Il lui rappelle qu'il avait de bonnes relations avec ses prédécesseurs, Rivet et Vlk, liens qu'il souhaite « renouveler et approfondir ». Sur le compte rendu original de la rencontre, les deux verbes sont soulignés trois fois à la main.

Ondruska est aux anges. « Je lui ai dit que des gens de gauche comme lui étaient très importants pour nous, rapporte-t-il à Prague, satisfait. Il a répondu qu'il était prêt à nous aider. Mais il n'a pas précisé sous quelles formes. » L'officier traitant en conclut que « Robert a besoin d'argent ». Il ajoute qu'il est intéressant pour la StB pour trois raisons : « Il connaît bien les pays arabes, il participe à la vie politique française et puis il a des connexions au Quai d'Orsay, où sa belle-sœur travaille comme interprète, elle a même participé au voyage de De Gaulle en Amérique latine. »

Mais lors de la rencontre suivante, c'est la douche froide. « Robert a refusé toute collaboration plus proche avec nous, rapporte Ondruska. Il est d'accord pour discuter de la politique française, mais c'est tout. » En fait, Estier a repris attache avec l'ambassade tchécoslovaque seulement parce que son patron, François Mitterrand, qui vient de mettre de Gaulle en ballottage, voudrait se rendre à Prague, où l'on commence à entrevoir un « socialisme à visage humain ».

Mitterrand et Estier, son conseiller diplomatique, se rendent bien à Prague en novembre 1967. Là, Estier le multicarte écrit un article pour *Le Nouvel Observateur*. Sur place, il revoit aussi son copain Rivet, qui le reçoit en fin de soirée à son domicile pragois avec sa femme. L'officier de la StB tente de nouveau de le convaincre de travailler vraiment pour le service tchèque. Mais « il n'a pas voulu », rapporte Rivet. La StB renonce. Elle décide de ne considérer Estier même plus comme un informateur confidentiel, seulement comme un contact politique officiel.

De retour à Paris, Ondruska l'invite à déjeuner à La Closerie des Lilas. Ainsi qu'il le rapporte dans son compte rendu à Prague, il peste de ne pouvoir lui offrir l'un de ces cadeaux qui réchauffent les amitiés. « J'aurais aimé lui donner le vase en cristal prévu pour Pipa[1], écrit-il, mais ce dernier l'a déjà reçu. »

Rien n'y fait. Même dans le cadre de rencontres publiques, Estier devient de plus en plus évasif. Pour comprendre pourquoi, la StB demande au KGB, le 17 mai 1968, les raisons de leur rupture. Malheureusement, la réponse n'est pas dans les archives. Quoi qu'il en soit, la relation dépérit de plus en plus vite après l'écrasement du Printemps de Prague. En 1969 et 1970, Estier ne rencontre que six fois Ondruska, et toujours brièvement. La dernière a lieu le 9 juin 1970 au café La Terrasse. Son dossier est classé peu de temps après.

Le socialiste n'en a pas pour autant fini avec les espions de l'Est. D'après *L'Express* du 10 novembre 2016, la Securitate roumaine prend contact avec lui onze ans plus tard, juste après l'arrivée de François Mitterrand au pouvoir. Proche du nouveau président, président de la commission des affaires étrangères de l'Assemblée puis sénateur, Claude Estier est une cible de choix.

Selon les archives du service secret roumain, un officier de la Securitate, Oros Popescu, aurait réussi à le recruter. *L'Express* rapporte une note datée du 28 février 1982 qui semble l'attester : Estier « se dit prêt à mener des actions d'influence. Étant donné son

1. Jean Clémentin du *Canard enchaîné*, voir p. 83.

attitude favorable à l'égard de la République socialiste de Roumanie, nous proposons de le prendre en étude. »

Mais, dans les faits, Claude Estier apparaît là encore aussi peu désireux de devenir un véritable agent de la Securitate. Les archives, celles qui sont ouvertes en tout cas, ne mentionnent nulle part qu'il a été rémunéré. Et il est clair que pour le régime de Ceaușescu sa moisson de renseignements est bien pauvre : il explique, par exemple, que « le nouveau chancelier allemand, Helmut Kohl, ne compte pas remettre en question la relation entre l'Allemagne de l'Ouest et les États-Unis » – une évidence pour ceux qui suivent un tant soit peu la politique ouest-allemande.

Une autre fois, Estier décrit la rencontre de députés français avec des hauts responsables à Moscou : ces parlementaires ont « expliqué aux Russes qu'ils n'avaient pas pris la décision de se doter de la bombe à neutrons, explique Estier à son traitant roumain, mais qu'ils n'excluaient pas de le faire ». Là encore, il répète ce que tout le monde sait et que François Mitterrand assène publiquement depuis des mois…

En attendant l'ouverture des archives du KGB, il semble donc exagéré de dire que Claude Estier a été un véritable agent de l'Est. Pour autant, les rumeurs le concernant n'étaient pas des « inepties », ainsi qu'il le répétait. Car le sénateur socialiste a bien fricoté avec de multiples espions venus du froid. Dans quel but, puisque, selon toute vraisemblance, il n'a jamais été payé ? Par idéologie ? Pour pimenter sa vie ? Sans doute un peu des deux, mais on ne le saura sans doute jamais. En tout cas, il n'était pas fier de ses grenouillages avec des espions de l'Est puisqu'il n'en dit pas un mot dans ses Mémoires pourtant intitulés *J'en ai tant vu*... (Le Cherche Midi, 2008).

« GABRIEL » ET « FRED »

L'antichambre du KGB

Un autre journaliste a été accusé, après sa mort, d'avoir travaillé pour des services de l'Est : Paul-Marie de La Gorce. L'homme est connu du grand public pour ses commentaires de politique étrangère à TF1 pendant près de vingt ans, de 1974 à 1993, puis à Radio France, dont il a été le chef du service diplomatique de 1985 à 1993.

Dans leur livre *La DST sur tous les fronts*[1], trois anciens du contre-espionnage français ouvrent leur boîte à secrets. Ils assurent que derrière « Argus », nom de code d'un journaliste désigné par Mitrokhine et Andrew comme agent du KGB, se cacherait en réalité Paul-Marie de La Gorce.

Pourquoi ? « À en croire des rapports de la résidence [du KGB à Paris], écrivent-ils, [Argus] eut des

1. Jean-François Clair, Michel Guérin et Raymond Nart, *La DST sur le front de la guerre froide*, Mareuil Éditions, 2022.

entretiens réguliers avec le chef du gouvernement français pendant la campagne pour les législatives de mars 1973, et continua de le conseiller par la suite. » Or, de 1972 à 1974, Paul-Marie de La Gorce a été conseiller au cabinet de Pierre Messmer, alors Premier ministre.

Les archives de la StB donnent raison à ces anciens du contre-espionnage français. On y découvre que Paul-Marie de La Gorce a d'abord été approché par le service tchécoslovaque. Il rencontre l'officier Motl en mars 1960 par l'intermédiaire d'un ancien collègue de *France Observateur*. Il a 38 ans et dirige la lettre confidentielle de *L'Express*. C'est un journaliste réputé pour la qualité de ses informations et de ses analyses.

Fils d'une grande famille désargentée, « qui possède encore des terres dans le nord de la France et en Belgique, qui ne rapportent pas grand-chose », peut-on lire dans un rapport de la StB, son profil intéresse évidemment le service secret tchécoslovaque. « Il a des contacts extrêmement précieux, écrit Motl. Il connaît très bien le directeur de cabinet de De Gaulle, René Brouillet, avec lequel il a des liens de parenté. » Il ajoute : « Son frère est un haut fonctionnaire à l'OTAN. »

De la Gorce et Motl entament une série de déjeuners. Très vite, le premier n'hésite pas à donner au second des informations sensibles sur les réunions de l'Alliance atlantique et sur l'UDR, le parti gaulliste, dont il est proche. La StB lui attribue un nom de code : « Gabriel ».

Pourtant, au début, Prague considère qu'« il n'est pas recrutable ». Il sait trop de choses sur les affaires militaro-diplomatiques, connaît trop de monde au sommet de l'État. Il doit forcément être surveillé de près par la DST.

Mais la moisson de Gabriel est telle que la StB change d'avis.

Deux éléments la convainquent qu'il pourrait être réceptif. À la fin de ses déjeuners avec Motl, presque tous offerts par son officier traitant, Paul-Marie de La Gorce chipe la note en cachette pour la présenter à son employeur, *L'Express*. Par ailleurs, Motl constate « qu'il ne fait jamais aucun mouvement pour payer » et que, les très rares fois où Gabriel l'a invité, celui-ci « ne laisse même pas 10 % de pourboire[1] ». Autrement dit, le journaliste est une pince. « On pourrait donc probablement l'appâter par de l'argent », conclut-il dans son rapport à ses supérieurs.

C'est d'autant plus simple que, de son propre chef, Paul-Marie de La Gorce propose, en mai 1962, de livrer des documents secrets à Motl. Il ne parle pas d'argent, mais l'officier traitant considère que c'est sous-entendu, que Gabriel est d'accord pour devenir un agent à condition d'être stipendié par la StB.

Avant d'aller plus loin, la rézidientoura de Paris veut tout de même en savoir plus sur cet homme si allant et si bien renseigné. Elle demande son avis à

1. Le service n'est compris dans la note que depuis 1985.

l'agent Pipa, Jean Clémentin. Perfide camarade, le rédacteur en chef politique du *Canard enchaîné* assure que Gabriel est, en réalité, un espion du SDECE.

L'agent Heman, Albert-Paul Lentin, n'est pas d'accord. Le journaliste du *Nouvel Observateur* connaît bien La Gorce, avec lequel il a travaillé à *France Observateur*. Il le juge sérieux, compétent et « très progressiste », c'est-à-dire, dans le langage de l'époque, proche idéologiquement de l'Union soviétique.

Il le dit homosexuel aussi, une orientation toujours interdite et socialement réprouvée à l'époque. Étant donné ses origines familiales très conservatrices, ne pourrait-on le faire chanter à ce sujet ? Prague demande s'il a fait des avances à son officier traitant. La réponse est non.

Alors comment savoir qui est vraiment Paul-Marie de La Gorce ? Motl décide de s'adresser à la femme qui connaît le mieux ce célibataire endurci. Il s'agit d'une journaliste littéraire à laquelle il voue, dit-on, un amour platonique et avec laquelle il aimerait se marier : Françoise Verny, la future papesse de l'édition. Mais le chef des services secrets militaires tchécoslovaques lui interdit de s'adresser à elle. Pourquoi ? Impossible de savoir.

Après ces recherches pas toujours très productives, la StB décide de passer au recrutement. Celui-ci a lieu au Café de la Paix, à côté de l'Opéra Garnier, le 3 août 1963. Motl propose à Gabriel, qui vient de rejoindre la rédaction d'*Afrique Action* (le futur

Jeune Afrique), de lui fournir les informations les plus secrètes à sa disposition, notamment sur l'OTAN. En échange de quoi, il lui donnera 1 000 francs par mois. Paul-Marie de La Gorce accepte et Gabriel devient l'agent Almer.

Reste une dernière vérification : la position du grand frère soviétique. Elle arrive quelques jours plus tard sous la forme d'un long télégramme en russe. Dans les archives de la StB, elle est traduite en tchèque.

Le message de Moscou à Prague est sans appel : laissez tomber Paul-Marie de La Gorce, c'est un agent du service secret militaire soviétique, le GRU, depuis 1960.

« Le processus de son recrutement par la rézidientoura de notre service secret militaire à Paris a commencé en 1958, rapporte la note soviétique à la StB. À cette époque, il travaillait en tant qu'attaché à la direction des éditions Montsouris et à *France Observateur*. Dans les cercles politiques et militaires s'était diffusée la rumeur selon laquelle Gabriel était très à droite, comme son père et son frère. » Grâce à quoi, il a pu nouer beaucoup de contacts dans ces sphères, « notamment à l'OTAN ».

En réalité, « Gabriel est progressiste, il apprécie l'URSS et les pays du bloc socialiste, poursuit la note soviétique, mais il ne le dit pas ouvertement, en particulier pas à sa famille. Il travaille donc avec nous d'abord pour des raisons idéologiques, même s'il ne refuse pas la rémunération mensuelle que nous lui attribuons ».

Le GRU le considère comme un agent de valeur dont « les renseignements sont justes ». « Il nous a transmis plusieurs informations très pertinentes sur les sommets de l'OTAN. » Il les livre oralement, mais aussi par écrit « sur la base des données récupérées auprès de ses sources ».

De 1960 à 1963, le futur chef du service diplomatique de Radio France remet au GRU des rapports sur des sujets variés : « La politisation de l'armée française, la crise de l'OTAN, la politique de De Gaulle vis-à-vis de l'Algérie, la volonté française de produire des armes nucléaires, les conspirations d'extrême droite… » « La plupart d'entre eux ont été utilisés par le gouvernement soviétique », précise la note à la StB.

Moscou précise que Paul-Marie de La Gorce « travaille consciemment » avec les services de renseignement soviétiques et qu'« il accomplit toutes les tâches dont nous le chargeons ». Bref, que c'est un espion dévoué et consciencieux.

Quand est-il passé du GRU au KGB, du service secret militaire au service civil de renseignement ? Impossible à dire. En tout cas, selon Mitrokhine et Andrew, de La Gorce alias Argus a participé en 1973 à une campagne de désinformation orchestrée par le KGB. Le but de la manipulation : semer la zizanie au sein du pouvoir en France, entre l'UDR, le parti gaulliste, et ses alliés centristes.

« Argus raconta à Messmer que Michel Poniatowski, secrétaire général des républicains indépendants, et

Jean-Jacques Servan-Schreiber [patron de *L'Express*] étaient secrètement convenus de saper les positions des candidats UDR », rapportent Mitrokhine et Andrew. « Sur instructions du KGB, Argus répandit de semblables informations mensongères dans la presse », ajoutent-ils.

Jusqu'à quand Paul-Marie de La Gorce a-t-il collaboré avec le KGB ? Était-il encore un agent soviétique lorsqu'il était éditorialiste au *Figaro* de 1977 à 1984 ? Émargeait-il toujours à Moscou quand il dirigeait la *Revue Défense nationale* de 1989 à 1995 ? Impossible de répondre.

Cet officier de la Légion d'honneur et de l'ordre national du Mérite est mort en 2004, sans jamais avoir évoqué son passé d'espion.

André Ulmann, lui, est mort en 1970, à 58 ans. Dans *Le KGB contre l'Ouest*, ce journaliste mondialement célèbre dans les années 1950 et 1960, qui a dirigé *La Tribune des nations* pendant plus de deux décennies, apparaît sous le nom de code « Durant ». Il est l'un des rares Français dont le patronyme réel est révélé par les auteurs. Sans doute parce qu'il est de notoriété publique que la revue était financée par le KGB, qui la désigne du nom de code « École ». L'historienne du Parti communiste français Annie Kriegel disait d'ailleurs d'André Ulmann qu'il était « un agent secret déguisé en agent secret ».

Selon Mitrokhine et Andrew, le service soviétique lui aurait, en vingt-quatre ans, donné plus de trois millions de francs pour financer *La Tribune des nations*, une feuille au tirage de quelques milliers d'exemplaires mais à l'influence certaine dans les cercles politiques et diplomatiques. Mais jusqu'à présent, les preuves concrètes manquaient. Là encore, on les trouve dans les archives de la StB.

Elles sont dans le dossier de l'agent « Fred », Jean-Claude Dumoulin de son nom de plume, Jean-Claude Lévy de son vrai patronyme. Né en 1923, ce journaliste a travaillé pour *Le Canard enchaîné*, *Libération* et *La Tribune des nations*. Il est mort en 2002. C'est dans le camp de Mauthausen où, jeune résistant juif, Lévy a été déporté en 1941, qu'il a fait la connaissance d'André Ulmann, de onze ans son aîné.

À la Libération, Ulmann, croix de guerre et rosette de la Résistance, rachète *La Tribune des nations*, un hebdomadaire diplomatique fondé en 1934. Selon Mitrokhine, c'est le MGB (ancêtre du KGB) qui finance l'opération. Dès qu'il devient propriétaire de la revue, Ulmann engage son jeune compagnon d'infortune à Mauthausen, Jean-Claude Lévy, qui termine des études de philosophie et vient d'entrer au Parti communiste dont Ulmann lui-même est probablement déjà un membre secret. Lévy-Dumoulin devient un intime de la famille et un ami proche de Fabrice, le fils d'André Ulmann. Si bien que, lorsqu'il rejoint *Libération* puis *L'Express*, il continue d'écrire pour *La Tribune*.

Pour arrondir ses fins de mois, Fred travaille aussi pour la StB où il est formellement recruté en juin 1963, quelques semaines après que le KGB a soufflé Paul-Marie de La Gorce au service tchécoslovaque. Sept ans plus tard, en 1970, Lévy-Dumoulin est considéré comme un agent « moyen » mais consciencieux. Rémunéré 1 000 francs par mois, il a fourni 270 rapports dont la plupart contiennent des renseignements « confidentiels », rarement « secrets ».

C'est l'une de ses informations classées « top secret » par la StB qui prouve le financement direct de *La Tribune des nations* par le KGB. Le 18 décembre 1970, en effet, le service tchécoslovaque écrit une note selon laquelle l'agent Fred s'inquiète du sort de *La Tribune des nations* après la mort d'André Ulmann quelques semaines auparavant, foudroyé par un cancer à 58 ans.

Selon Fred, « la situation reste stable au sein de la rédaction du journal de gauche bien qu'Ulmann soit jugé irremplaçable du fait de ses liens avec les amis soviétiques[1]. En fait, ajoute-t-il, l'équipe pense que Suzanne Ulmann saura remplacer son défunt mari auprès du service secret de Moscou ». Fred en est moins convaincu. C'est pourquoi il fait savoir à la StB que, « pour que la rédaction puisse continuer, l'hebdomadaire a besoin de 10 000 francs par mois ». Le message est entendu. « Nous venons de transmettre cette information à nos amis soviétiques », conclut la note de la StB.

Quelques mois après, celle-ci décide d'arrêter tous ses contacts avec Fred. Elle pense qu'après une série

1. Tournure habituelle pour désigner le KGB.

de défections au sein du service secret tchécoslovaque, la DST va redoubler d'efforts contre ses agents. Lévy-Dumoulin est-il repris par le KGB ? Impossible à dire.

En tout cas, il continue de collaborer à *La Tribune*, que son ami Fabrice Ulmann fait reparaître en mars 1971 fort probablement grâce à la manne du KGB et cela, jusqu'à la disparition définitive de l'hebdomadaire en 1983.

Neuf ans plus tard, en septembre 1992, le maire de Paris baptisera un jardin du XVIIe arrondissement « André Ulmann ».

« TOMANSKY » ET « PORTOS »

Des agents dormants bien français

L'un était directeur adjoint à la Société Générale. L'autre travaillait au conseil régional de Bourgogne.

Le premier est mort en janvier 2023 à Paris. L'autre vit toujours, à Dijon.

Lubomir Chladil et Josef Bednarik sont arrivés en France en 1970 et 1980. Ils ont obtenu l'asile en se présentant comme des dissidents pourchassés par la police politique à Prague. En réalité, les deux hommes étaient des « illégaux », comme on dit dans le jargon, des agents dormants de la StB.

« Tomansky » et « Portos », leurs noms de code, devaient s'installer durablement dans notre pays, se fondre dans la masse un peu comme les Jennings aux États-Unis dans la série *Les Américains*. Ils y sont si bien parvenus que, au bout de quelques années, Tomansky et Portos ont été naturalisés (à cette occasion, Josef Bednarik a eu le droit de changer son patronyme et son prénom pour Guillaume Béard, à consonance plus française). Ce qui n'a pas empêché les deux hommes de poursuivre leur besogne secrète jusqu'à la fin de la dictature à Prague en 1989. Sans que la DST les ait jamais soupçonnés, de l'aveu même de plusieurs anciens du service de contre-espionnage que j'ai interrogés.

C'est que la StB prenait d'infinies précautions pour éviter que ses « illégaux », dont la formation et l'implantation dans un pays étranger coûtaient cher, ne soient repérés. La première était justement de les infiltrer non plus sous une fausse identité, mais sous la vraie.

La raison est historique : le service secret tchécoslovaque a été échaudé par l'affaire « Cardot », du nom d'emprunt de cet illégal qui, en 1962, a été vite démasqué. Quand il a été question de l'embaucher au SDECE, le contre-espionnage français a découvert sans difficulté que son certificat de naissance était un faux, qu'il n'était pas le fils de Mme Cardot. L'agent, qui s'appelait en réalité Bohumil Gottwald ainsi qu'on le découvre dans les archives de la StB, a été arrêté puis échangé. À ma connaissance, Prague n'a plus jamais envoyé d'illégal à l'Ouest sous une identité falsifiée.

Autre précaution : l'infinie précision des instructions de la StB à ses agents sur le terrain. Pour preuve, par exemple, une note du 30 janvier 1989 envoyée par le « centre » (c'est-à-dire le quartier général du service à Prague) à la rézidientoura de Paris. Elle a trait à la rencontre prochaine à Dijon de Guillaume Béard alias

Portos avec un officier venu spécialement de Paris recueillir une enveloppe.

« Le jour prévu, écrit le centre, Portos se rendra en voiture au parking souterrain de la place Grangier à Dijon et se garera au 4e sous-sol. S'il a un problème ou s'il pense que le moment n'est pas le bon, il ressortira du parking à pied les mains hors de ses poches, sans prendre l'escalier. Si tout va bien, il mettra sa main droite dans sa poche et se rendra dans l'escalier. Entre le troisième et le quatrième étage, il croisera un homme auquel il glissera l'enveloppe contenant les documents qu'il souhaite lui remettre. Puis il sortira à pied du parking et ira mener les activités normales de sa légende. »

« Si, pour une raison ou une autre, précise Prague, le parking est fermé ou en cours de nettoyage, la remise aura lieu à 17 heures 30 au Café snack-bar de la Poste. L'agent entrera par l'entrée marquée Snack-Bar, où l'officier traitant sera déjà assis. Après avoir fait le signe convenu[1], l'agent se rendra dans les toilettes pour hommes où, peu de temps après, l'officier le rejoindra. C'est là qu'aura lieu la remise. L'officier quittera le café pour prendre sa voiture. L'agent, lui, commandera un verre afin de rendre cette incursion dans le café non suspecte. On notera que ce café et le parking sont des lieux dans lesquels l'agent se rend régulièrement, sa présence dans ces endroits semblera donc normale. »

1. La main droite dans la poche.

Les directives sont d'autant plus précises que Josef Bednarik et Lubomir Chladil ne sont pas officiers de renseignement de carrière. Avant d'être envoyés en France, ils étaient de jeunes lambda, choisis pour leur lien avec notre pays et leur facilité à dénoncer leurs camarades. Car une même première mission les attend en France : infiltrer le mouvement dissident tchécoslovaque particulièrement actif à Paris depuis l'écrasement du Printemps de Prague en août 1968. Grâce à eux, la StB veut notamment savoir tout du magazine d'opposition édité en France *Témoignages* (*Svedectvi* en tchèque) qui circule sous le manteau de l'autre côté du rideau de fer au grand dam du pouvoir tchécoslovaque installé par les chars soviétiques.

C'est Lubomir Chladil alias Tomansky qui part le premier, en 1970. Il a 26 ans, une belle moustache, un diplôme d'économie et déjà un passé de mouchard. Cela fait trois ans qu'il informe la StB sur le mouvement étudiant à Prague. Il donne des noms, des adresses, livre les dates et les lieux des manifestations interdites. Par conviction, semble-t-il, pour de l'argent surtout.

Quelques mois avant son départ, il signe un contrat avec le « centre ». Tant qu'il vivra à l'Ouest, il recevra chaque mois 800 couronnes sur un compte en Tchécoslovaquie, afin de disposer d'un pactole quand il rentrera. Et sur place, il percevra régulièrement des primes en francs.

Pour perfectionner son art de la délation, Tomansky suit une formation intensive aux techniques d'espionnage. Selon un rapport de la StB, il participe à de multiples séminaires sur le sujet. Ils sont intitulés « Les méthodes de la DST », « La défense individuelle », « Protection des documents », « Méthodes de surveillance à pied » ou « L'écriture chiffrée »... Il suit aussi des formations sur l'utilisation d'appareils photo miniatures, les prises de vues, l'éclairage, le développement des clichés...

On lui enseigne également une méthode dite cryptographique pour écrire un message sur un minuscule microfilm que l'on colle, par exemple, sur le point d'un i dans une page de magazine. Et, bien entendu, on lui donne des cours intensifs de français, une langue qu'il a apprise au lycée et au cours de quelques voyages en France où il a déjà noué plusieurs contacts.

Enfin, il doit apprendre par cœur les multiples directives pour communiquer avec son officier traitant. Par exemple, pour organiser une rencontre non programmée, explique une note de la StB, le « centre » enverra à Tomansky « une carte postale en couleurs de Prague avec un texte et une date en tchèque ». La missive sera signée Mirek. Elle signifiera que, trente jours exactement après la date inscrite sur la carte, l'agent devra se présenter à 18 heures « devant l'immeuble de l'Alliance française, boulevard Saint-Germain à Paris. Il devra attendre dix minutes puis marcher jusqu'au boulevard Raspail, prendre la rue Stanislas jusqu'à l'angle avec le boulevard Montparnasse. Là, devant l'église Notre-Dame-des-Champs, il retrouvera son contact qui le conduira dans un restaurant qu'il sera le seul à connaître ».

Fin prêt, Lubomir Chladil alias Tomansky file d'abord en Yougoslavie, un voyage qui coûte 4 000 couronnes à la StB. Là, il en profite pour livrer au « centre » quelques noms de dissidents en vadrouille. Puis il se rend au consulat de France et demande l'asile politique. À l'instar de dizaines de milliers de Tchécoslovaques qui fuient leur pays, il l'obtient rapidement.

Grâce à un contact français, fils d'un diplomate, il s'installe à Paris, près de la tour Eiffel, dans un petit meublé au septième étage sans ascenseur ni eau chaude où il va rester pendant deux ans. La StB observe son installation et la courbe de son moral en interceptant et en lisant les lettres qu'il envoie à sa mère.

À Paris, l'illégal doit se débrouiller seul. Il parvient à s'inscrire à un doctorat d'économie à la Sorbonne. Le thème : la renaissance économique des pays d'Europe de l'Est. Il perçoit deux bourses de 500 francs, l'une d'une association d'aide aux migrants, l'autre du gouvernement français que lui a obtenue le père du même copain français.

Au bout de quelques mois, il commence à se rapprocher de sa cible : la bête noire du régime à l'Ouest, Pavel Tigrid, et l'équipe de la revue qu'il dirige, *Témoignages*. Comme il est spécialisé dans le domaine, Tigrid lui confie bientôt l'écriture de quelques articles sur l'économie tchécoslovaque. Du coup, il participe aux réunions dans les minuscules locaux du trimestriel, près du boulevard Saint-Germain. Il entre, petit à petit, dans la famille.

Et il balance. Il livre les noms et adresses de trois personnes en Tchécoslovaquie à qui sont envoyés clandestinement des exemplaires de *Témoignages*. Il décrit les locaux de la revue au cas où les sbires de la StB décideraient de fouiller les lieux. Il indique aussi dans quelle boîte aux lettres du boulevard Saint-Germain la secrétaire de Tigrid dépose chaque soir le courrier de son patron.

Ses rapports secrets, Tomansky les rédige à la main, d'une belle écriture resserrée, sur une sorte de papier bible à carreaux. Certains font plus de dix pages. Il les remet à un courrier de la StB lors de rencontres éclair sécurisées, le plus souvent dans les sous-sols de parkings à Paris ou en banlieue. Il procédera de cette façon pendant près de… vingt ans.

Tout en mouchardant, le prétendu dissident commence son petit bonhomme de chemin dans le secteur bancaire. Grâce à son doctorat d'économie, il réussit à se faire embaucher à la Société Générale dans le département chargé des pays d'Europe de l'Est. Très vite, il a accès à la liste de certains comptes en banque. Si bien que, trois ans après son entrée en France, il peut révéler à son officier traitant le numéro de compte d'un haut responsable des Renseignements généraux en précisant qu'il est débiteur de 2 300 francs. On ne sait si la StB a utilisé ces informations.

Bien qu'il commence à être bien installé en France, la StB continue de contrôler sa vie. Son officier traitant lui interdit d'épouser sa maîtresse, une femme plus âgée que lui, qui veut divorcer de son mari, un ingénieur aéronautique suisse. Selon le « centre », le scientifique, qui travaille avec la NASA, est probablement surveillé par le contre-espionnage helvète. En fouinant, les policiers pourraient donc découvrir le véritable pedigree de l'amant tchécoslovaque de son épouse. Tomansky doit trouver une autre compagne.

Le coup est rude. Il en reçoit un autre. Sa sœur, qui vit toujours en Tchécoslovaquie, rêve d'entrer au Parti communiste de son pays. Mais, puisque son frère s'est exilé à l'Ouest, le PC refuse. Et la StB ne veut pas intervenir en sa faveur, au risque de révéler le véritable motif de son émigration.

Son patron à la Société Générale, lui, le chouchoute. En 1975, il l'envoie pour plusieurs semaines au Canada perfectionner son anglais. Mais, dès son retour, son officier traitant lui confie une mission détestable. Il lui donne un attaché-case identique au sien, qui contient un micro. Il doit laisser traîner cet autre porte-documents, fermé à clef, dans les locaux de *Témoignages*. Mais la manipulation ne marche pas. Le micro n'enregistre pas. Peu importe, à Prague, le régime communiste célèbre le trentième anniversaire de la libération de la Tchécoslovaquie par les troupes soviétiques : pour l'occasion, et malgré l'échec, son officier traitant donne à Tomansky une prime de 1 000 francs

Mais il ne lâche pas l'affaire. Quelques mois plus tard, alors que Chladil est devenu citoyen français, il lui demande de poser lui-même des micros dans le bureau de Tigrid. Jusque-là très docile, l'agent se rebiffe, arguant qu'il prendrait un risque inutile. Mais il accepte de se procurer la clef du local et d'en confier un double à son officier traitant. Les « plombiers de la StB » pourront installer eux-mêmes leurs grandes oreilles, lance-t-il fièrement, promettant même que, pendant ce temps, il gardera l'entrée du bâtiment. Et c'est ainsi que des micros sont posés à *Témoignages*.

Ils ne fonctionnent pas très longtemps. La StB ordonne donc à Tomansky d'aller vérifier qu'ils sont toujours en place sous le bureau de Pavel Tigrid. « Lors d'une réunion, il vous suffira de faire tomber un mouchoir ou une pièce de monnaie, de vous pencher pour ramasser l'objet et de jeter un coup d'œil sous le bureau », indique le centre, toujours aussi précis.

En 1979, le citoyen français Lubomir Chladil alias Tomansky prend encore du galon à la Société Générale. À 36 ans, il devient une personnalité en vue dans le monde des affaires avec l'Est. Il est cité dans un article du *Monde* sur les déficits budgétaires dans les pays du bloc soviétique. Et il est invité à une conférence restreinte sur les droits de l'homme en Tchécoslovaquie, dans les locaux d'Amnesty International France, où évidemment personne ne soupçonne qu'il est un loup dans la bergerie. De retour de la réunion d'Amnesty, il écrit un message chiffré au centre. Il révèle tout ce qu'il sait de l'avocate française chargée du dossier, il liste notamment ses contacts à Prague.

Quelques jours plus tard, il rencontre la femme d'un dissident qui vient d'être arrêté à l'aéroport de Budapest. Tout en la consolant, il lui fait raconter les activités de son mari puis il transmet à Prague tous les détails de leur conversation. En échange des informations, il reçoit des primes en liquide, 500 à 2 000 francs chacune.

Pour le même prix, il balance aussi tout ce qu'il sait des activités de la Société Générale. En 1980, il assiste à une « réunion confidentielle des banquiers de la place sur les pays de l'Est ». Il en rapporte tous les détails. Il transmet aussi à la StB un rapport interne du patron de la Société Générale qui vient de rentrer de Prague où il envisageait de créer une filiale – et qui a décidé de renoncer.

Tomansky livre tout ce qu'il sait. En 1982, la Société Générale verse à Olga Havlova les 25 000 francs du prix Jan-Palach (du nom de l'étudiant qui s'est immolé en 1969 pour protester contre l'invasion soviétique) qui vient d'être attribué à Paris à son mari, le dramaturge dissident Václav Havel, emprisonné depuis trois ans. Tomansky donne à la StB tous les détails de ce versement et de l'utilisation de cette somme par l'épouse du grand dissident.

Mais, au milieu des années 1980, sa double vie commence à lui peser. Un jour, dans un restaurant de Melun où il déjeune avec son officier traitant, il râle contre le récepteur de la radio que la StB lui a fourni. « Les boutons sont trop usés, ils marchent mal », se plaint-il.

En novembre 1986, au Petit Gourmet à Marly-le-Roi, dans la banlieue parisienne, il glisse à son officier traitant une note sur une réunion avec Jean-Claude Trichet, le tout-puissant directeur de cabinet du ministre de l'Économie, Édouard Balladur, puis il dit qu'il envisage de rentrer en Tchécoslovaquie. Il précise qu'il peut vendre son appartement parisien qui vaut 500 000 francs et puis il dispose du petit magot que la StB a constitué pour lui depuis son départ en France, il y a seize ans. Du moins, le croit-il.

Mais, quelque temps après, les médecins de l'hôpital Saint-Louis lui diagnostiquent une leucémie. Pour se soigner, il préfère rester à Paris. Il continue donc à écrire quelques notes sur le papier bible. Mais le cœur n'y est plus. Son officier traitant le laisse tranquille.

L'autre « illégal » en France est plus en forme. Plus jeune de sept ans, Josef Bednarik alias Portos est arrivé en 1980 à Dijon. Le choix de la capitale bourguignonne ne doit rien au hasard. Il y est venu pour la première fois en 1967. À 16 ans, ce fils de fonctionnaires a gagné un concours d'État qui lui a donné le droit de venir étudier pendant trois ans au lycée Carnot, le meilleur de Dijon, qui, depuis 1920, accueille chaque année une poignée d'internes tchécoslovaques, surnommés à Prague les « carnotaci ». C'est un excellent élève. Il passe son bac avec mention très bien. Un bel avenir lui est promis en Tchécoslovaquie communiste.

Sa vie bascule en mars 1977 quand il rencontre le dissident Jiri Hajek. Ce professeur de droit est l'un des porte-parole de la « Charte 77 », une pétition d'intellectuels et d'artistes qui exigent le respect des droits de l'homme en Tchécoslovaquie. Bednarik la signe. Arrêté quelques mois plus tard, il est condamné à 16 mois de prison.

À sa sortie, le jeune homme veut se ranger. Il se marie et devient ouvrier. Lorsque le monument à la gloire des soldats soviétiques est tagué, il est convoqué par la police politique de la ville d'Olomouc où il habite. Il ne connaît pas le coupable mais accepte de faire l'« indic ». Étant donné ses liens avec la France, la StB lui attribue le nom de code « Aramis »…

Ancien prisonnier politique, il s'intègre facilement dans la mouvance des dissidents. Il devient proche de l'une de ses grandes figures, Jiri Pelikan, directeur de la télévision pendant le Printemps de Prague, qui vient de subir une crise cardiaque. Bednarik se rend chez lui une fois par semaine pour lui masser les jambes. Et écouter.

Les visiteurs de Pelikan lui parlent en confidence de la création prochaine de Vons, une organisation chargée d'aider les familles des militants emprisonnés.

Il note les noms, les dates, les lieux et livre tout à la police. Bon militant, il est nommé porte-parole adjoint de la Charte 77 en Moravie. Il sait quand et où se déroulent la fabrication et la distribution des tracts. Il livre tout à la StB. Contre de l'argent.

En 1979, il demande un visa pour la France où il veut s'installer avec sa femme. En échange de l'autorisation d'émigrer, la StB lui propose de travailler pour elle au pays de Molière comme espion stipendié. Bednarik accepte et signe un accord secret en bonne et due forme avec le service secret, par lequel l'agent Aramis devient l'illégal « Portos »… Il s'engage « à suivre les ordres du centre », « à informer ses officiers traitants des changements dans sa vie privée » et, en cas d'arrestation, « à ne rien révéler ni sur le service de renseignement ni sur sa légende ».

En contrepartie, les autorités tchécoslovaques promettent de « le récompenser régulièrement par des primes allant de 6 000 à 15 000 couronnes » (soit plusieurs salaires mensuels moyens tchécoslovaques) et « de payer toutes ses dépenses opérationnelles » en France. Elles s'engagent aussi, à son retour en Tchécoslovaquie « prévu dans huit à dix ans », « à lui payer une pension de retraite », à lui fournir « un logement et un travail qui lui conviendront » et à opérer sa « renaturalisation, ainsi que celles de sa femme et de ses enfants », l'exil entraînant d'office une déchéance de nationalité.

Pendant plusieurs semaines, Portos est lui aussi formé à l'école des « illégaux » à Prague aux différentes techniques de l'espionnage : les communications radio clandestines, le chiffrement, les boîtes aux lettres mortes… Il n'a pas besoin de se perfectionner en français, qu'il maîtrise parfaitement. Et en juillet 1980, il part s'installer à Dijon où quelques amis de Carnot lui ont trouvé un appartement et un emploi. Il va travailler dans le domaine du sport, sa passion.

Il doit retrouver son officier traitant à Paris au moins six fois par an. Le scénario établi par le « centre » est immuable. « Les rencontres fixes se dérouleront à 15 heures au café-tabac Le Virginie, rue de Reuilly à Paris, le troisième samedi des mois pairs. Elles débuteront par l'échange de mots de passe. L'officier traitant dira : "Excusez-moi, n'avez-vous pas un ami qui s'appelle Ataman et une fille dont le nom est Orion ?" L'agent répondra : "Non, vous vous trompez, ma fille s'appelle Elizabetha et son mari Arion. – L'erreur est humaine", conclura l'officier traitant avant de lancer la discussion. »

La mission principale de Portos en France est la même que celle de Tomansky : infiltrer le mouvement dissident tchécoslovaque à Paris. Pour cela, il obtient avant de partir plusieurs sésames, des lettres de recommandation de Jiri Hayek et de Jiri Pelikan. Mais ses résultats sont beaucoup moins bons que ceux de Tomansky. Dans un rapport, la StB se plaint de cette installation à Dijon, « si loin de Paris et des chefs de la dissidence ».

Portos parvient toutefois à approcher un autre leader de l'opposition, l'historien Jan Tesař, exilé en France en même temps que lui. Il en obtient quelques confidences sur les uns et les autres, que l'agent s'empresse d'envoyer à Prague via un « radiotéléphone » crypté dernier cri.

L'illégal est aussi utilisé dans une gigantesque opération orchestrée par le KGB à travers tout l'Occident. Il s'agit d'anticiper une attaque nucléaire de l'OTAN sur l'URSS, le cauchemar du numéro un soviétique, l'ancien patron du KGB Iouri Andropov – et de s'y préparer.

En cas de conflit, Portos sera le chef des agents dormants en France, dont Tomansky. Pour qu'il sache comment prendre contact avec eux, le centre concocte en 1988 une de ces directives d'une précision diabolique dont il a le secret. S'il y a une guerre, les agents se retrouveront à 15 heures le premier samedi du mois devant l'entrée principale de l'église de Saint-Cloud, ordonne Prague. Le chef tiendra *Le Figaro* dans une main et, s'il n'y a pas de problème, il laissera la seconde bien en vue, sinon, il la mettra dans sa poche. Avant de commencer à parler, il présentera un petit couteau, l'autre illégal aussi. Puis l'un dira : « Je cherche la maison de Foch », « Elle se trouve place Foch », répondra l'autre.

Et puis, il y a le boulot de tous les jours. Comme il n'obtient pas grand-chose sur l'opposition en exil, Portos profite de son emploi au conseil régional de Bourgogne pour tenter d'infiltrer le monde politique français. Il croise de temps à autre le futur maire de Dijon, François Rebsamen, alors chef de cabinet de Pierre Joxe, président du conseil régional. Quand « Rebs » rejoint son mentor Joxe au ministère de l'Intérieur puis de la Défense, Portos cherche à briller, il assure à son officier traitant que, grâce à lui, il pourrait peut-être décrocher des secrets d'État. Le « centre » salive et lui donne prime sur prime. Mais ne voit rien venir.

Alors Portos, devenu en toute légalité le citoyen français Guillaume Béard, se tourne vers le Front National qui commence à remporter des victoires électorales. Il va même discuter avec son leader. En 1988, Jean-Marie Le Pen décide de tenir un meeting à Buxerolles, un village de la Côte-d'Or « où presque tout le monde a voté pour Le Pen lors de la dernière élection présidentielle », rapporte à Prague l'officier traitant de Portos. Pour les remercier, le dirigeant d'extrême droite organise « un déjeuner pour tous les habitants (au nombre de 200 à peu près) ».

« Or, ajoute l'officier de la StB, l'agent Portos est missionné par le conseil régional pour faire, à cette occasion, une démonstration de saut en parachute. » L'« illégal » saisit sa chance. « Après le saut, poursuit la note, il a discuté assez longuement avec Le Pen, son secrétaire Carl Lang et avec son garde du corps. Au cours de l'échange, Le Pen a parlé de son intention de visiter l'URSS d'ici la fin de l'année. L'objectif principal de la visite serait, comme il l'a mentionné,

« d'améliorer, par l'intermédiaire du Kremlin, sa relation avec Tel Aviv… et obtenir, dans l'avenir, l'invitation en Israël ».

Le but : « Le Pen a dit que s'il réussissait à changer l'opinion du peuple juif, influencé par ses propos […] sur les chambres à gaz, cela aurait un effet positif sur les résultats des prochaines élections. S'il arrivait à 20 % au premier tour, cela lui donnerait un réel espoir de succès dans la prochaine élection présidentielle. » Du coup, Portos propose de poursuivre, d'une manière ou d'une autre, le contact avec le chef du parti d'extrême droite ou au moins son secrétaire, Lang. Prague refuse. Le « centre » redoute que, si Portos réussit à s'approcher de la direction du FN, la DST ne commence à s'intéresser à lui.

Début 1989, l'illégal s'énerve. Pas pour le FN, pour l'argent. « Portos, dont les résultats ne sont pas bons, se plaint sans cesse de manquer d'argent », note le « centre », lui-même un brin exaspéré, quelques jours avant la chute du mur de Berlin et le début de la révolution de Velours à Prague. « Pourtant, ajoute-t-il, d'après ce qu'on sait, sa femme gagne 7 200 francs par mois et ils viennent d'acheter une Austin, alors qu'ils n'ont pas fini de rembourser leur précédente voiture. Sans parler des sommes que nous leur avons prêtées. Autrement dit, ils vivent au-dessus de leurs moyens. »

Mais la StB ne veut pas s'en séparer. Le 28 décembre 1989, alors que le Parti communiste a été renversé et que Václav Havel s'apprête à être investi, le lendemain, président du pays, l'officier traitant de Portos écrit au centre pour préconiser de nouvelles missions à confier à l'illégal.

Il pourrait tenter de s'infiltrer dans la police, suggère sa note. Portos, « au courant des "petits péchés" des policiers de Dijon, sait notamment que certains d'entre eux protègeraient le trafic de drogue dans leur ville. Il pourrait profiter de cette situation… ». Comment ? Il ne le dit pas.

L'officier traitant revient aussi à la charge sur le FN. Pourquoi finalement n'essayerait-il pas de profiter des quelques liens qu'il a noués dans l'entourage de Jean-Marie Le Pen ? Certes, écrit-il, « l'agent a été amené à rompre ses contacts qui risquaient d'éveiller l'attention de la DST ». Mais, ajoute-t-il avec une certaine prescience, « l'influence croissante de ce parti sur la scène politique française est un fait et, dans l'avenir, le FN pourrait influencer la situation politique dans toute l'Europe ».

Aujourd'hui, Guillaume Béard, qui a fait toute sa carrière en France comme attaché territorial au conseil général de Bourgogne, est retraité à Dijon. Il a accepté de répondre à mes questions[1]. Nombre de ses réponses laissent perplexe. Il ne nie pas avoir été un agent de la StB en France de 1980 à 1990. Mais il assure qu'il a accepté cette mission afin de pouvoir lutter de l'intérieur contre le pouvoir communiste. Comment ? Il

1. Entretien téléphonique avec l'auteur le 2 décembre 2023.

affirme qu'il était en contact avec la CIA. Mais, en y réfléchissant, il ne se souvient plus si c'était avant ou après le démantèlement de la StB. Il certifie également que, bien plus tard, il a travaillé pour un service « spécial » français « aux moyens illimités, que personne ne connaît ».

« Pendant dix ans, c'est vrai, j'ai rencontré des officiers traitants tchécoslovaques deux fois par an environ, raconte-t-il. Cela se passait toujours dans un restaurant à Paris. Jamais à Dijon, cela aurait été trop risqué. » Comment la StB lui communiquait-elle le lieu, la date et l'heure de la rencontre ? « Via le récepteur radio qu'elle m'avait donné. Je me branchais régulièrement sur une certaine longueur d'onde et notais les messages qui m'étaient destinés. Ils étaient cryptés avec un code à usage unique[1] que je recevais par ailleurs. »

Il employait les techniques d'espionnage à d'autres occasions. « Lorsque je me rendais à un rendez-vous avec mon officier traitant, je procédais toujours à un "autonettoyage", comme on dit dans les services, c'est-à-dire que je m'assurais de n'être pas suivi », confie-t-il.

Guillaume Béard maintient qu'il n'a jamais reçu d'argent de la StB. Pourquoi alors a-t-il continué à collaborer avec le service secret tchécoslovaque, y compris après avoir été naturalisé ? Ses explications sont absconses, décousues. « C'était pour renverser le

1. Un « masque jetable », dans le jargon.

système de l'intérieur, rétorque-t-il. Mais Havel et les autres ont passé un accord avec les Américains, ils leur ont tout vendu. » Et la CIA ? « Je pense qu'elle voulait que je crée un réseau en Tchécoslovaquie. » Comment ? Il ne le sait pas.

Lubomir Chladil alias Tomansky, lui, est mort en janvier 2023. Je n'ai donc pas pu l'interroger. On sait, en revanche, qu'après la chute du gouvernement communiste à Prague, la StB a décidé de rompre définitivement avec lui.

L'ancien « illégal » Chladil s'enquiert alors du pactole constitué depuis quinze ans pour sa retraite que, avant son départ en France, les autorités ont promis de lui remettre à la fin de sa longue mission.

Pour le faire patienter, la rézidientoura à Paris propose de lui donner tout de suite 4 000 couronnes. « Et le reste ? » demande-t-il. D'après les calculs du centre, il a accumulé 75 000 couronnes pour sa retraite. Mais « ce montant est fictif », précise une note du service secret. Une telle somme ne dort pas sur un compte en banque au nom de Lubomir Chladil. C'est juste une ligne dans un livre de comptes de la StB. Autrement dit, il n'en verra jamais la couleur.

On ignore l'épilogue de la tractation. Avant de mourir, Tomansky n'a jamais parlé de ses rapports avec la StB.

Table